행복한
개인
주의자로
사는 방법

행복한 개인주의자로 사는 방법

초 판 1쇄 2021년 08월 30일
초 판 2쇄 2022년 06월 30일

지은이 김미애
펴낸이 류종렬

펴낸곳 미다스북스
총괄실장 명상완
책임편집 이다경
책임진행 김가영, 신은서, 임종익, 박유진

등록 2001년 3월 21일 제2001-000040호
주소 서울시 마포구 양화로 133 서교타워 711호
전화 02) 322-7802~3
팩스 02) 6007-1845
블로그 http://blog.naver.com/midasbooks
전자주소 midasbooks@hanmail.net
페이스북 https://www.facebook.com/midasbooks425

© 김미애, 미다스북스 2021, *Printed in Korea.*

ISBN 978-89-6637-952-1 03190

값 15,000원

미다스북스는 다음세대에게 필요한 지혜와 교양을 생각합니다.

나만의 잣대로 살아가는
자유로운 개인주의자 되기

행복한
개인
주의자로
사는 방법

김미애 지음

★★★★★
타인의
평가로부터
벗어나는
8가지 원칙

★★★★★
과거와
상처에서
자유로워지는
인생 기술

미다스북스

과거를 벗고 나를 찾다

"책을 다 쓴 후 나 스스로가 발가벗겨진 기분이었다.

그러나, 과거의 나와 단절하고 새로 태어나는 발돋움의 느낌은

오히려 후련함과 가벼움으로 다가왔다."

'내 꿈은 근사한 한옥을 짓고 거기서 글을 쓰며 사는 것'이라고 항상 말해왔다. 그리고 드디어 내가 원하던 글쓰기를 하게 되었다. 꿈의 반은 이루어진 것일까? 지식을 쌓는 것에 집중하지 말고 꺼내서 쓰는 것에 집중하라고 하던데, 머릿속에서 쓰고 싶은 말은 무수히 많이 떠다니고 있었지만 정작 하얀 모니터에서 깜빡이는 커서만 오랜 시간 바라봐야 했다.

어떻게 나의 이야기를 꺼내야 할지 참으로 난감했다. 초등학생처럼 '저는 1학년 1반 아무개입니다.' 이렇게 시작할 수는 없는 노릇 아닌가?

내가 왜 이 책을 쓰려고 했는지부터 생각해봤다. 벗어나고 싶었다. 주변 사람들에게 휘둘리고 괴로워하는 나에게로부터, 그리고 그럴 때마다 마주하게 되는 여리고 나약한 과거의 나로부터 완전히 빠져나오고 싶었다. 그리고 이젠 누구도 나를 얽어맬 수 없다고 선포하고 싶었다.

'여유'는 많은 것을 포용하는 능력이 있다. 미운 것도 품어주고, 싫은 것도 받아들이고 스스로를 더 유연하게 만든다. 하지만 나에게는 그 여유라는 게 없었다. 너무 열심히 달리느라, 너무 최선을 다하느라 그런 말조차도 나에게는 사치일 뿐이었다. 여유는 게으름과 다르지 않은 단어였으니까. 당연히 아무 것도 포용할 수 없었다. 주변의 자극에 극도로 예민하게 반응했고, 그것은 나를 까칠하고 초조한 사람으로 만들었다.

내가 왜 이렇게 모든 일에 물불 안 가리고 파고드는지, 이런 습관은 언제부터 생긴 건지 나의 과거를 거슬러 거슬러 올라가 보았다. 그리고 아주 어릴 적부터 쌓이고 다져진 습관이라는 것을 알게 되었다.

그런 연유로 이 책은 나의 어릴 적 이야기부터 40대 중반 직장을 그만

둘 때까지의 꽤 긴 시간을 담고 있다. 세상의 옹벽에 맨몸으로 부딪치며 성장한 나의 모습이 나도 모르는 사이에 조금씩 이 책에 배어들었다.

내가 투영된 책을 마무리하고 나니, 실제의 나는 완전히 발가벗겨진 기분이 들었다. 스스로 감추고 싶었던 것들을 모두 드러내고 인정하는 과정에서 나는 실오라기 하나 걸치지 않은 완전한 맨몸을 세상에 던져 버린 것 같은 느낌이었다. 부끄러움이 일었다. 하지만 어쩌겠는가? 나의 모습을 정확히 보고 알아야만 내가 그토록 빠져나오고 싶던 모습에서 탈피할 수 있는 걸. 그래서 용감히 나의 모든 것과 마주 선 것이다. 마주 선 나 자신이 안쓰럽고 안타까워 많이 울었다.

마지막 5장을 쓰면서 그제서야 진정한 나를 알 수 있었고 보듬어줄 수 있었다. 비로소 과거의 나와 작별할 수 있었다. 그동안 내가 붙잡고 있던 상처투성이인 나를 놓아줄 수가 있었다.

내가 망설이느라 시작하지 못하고 있을 때 책을 써야 한다며 강하게 이끌어준 〈한국책쓰기1인창업코칭협회(한책협)〉 대표 김도사님께 깊은 감사를 드린다. 그리고 과거의 모습에 갇혀 자꾸만 침잠하는 나에게 다시 일어설 용기를 주신 위닝북스 권동희 대표님께도 감사의 마음을 전하고 싶다. 나의 꿈이 무엇인지를 알고 있기에 옆에서 매 순간 응원해준 남

편과 나의 서재를 완벽하게 글쓰는 공간으로 꾸며준 사랑하는 아들에게
도 감사한다.

  이제는 홀가분하다. 앞만 보인다. 무엇이 내가 원하는 것인지 나 스스
로에게 물어가며 한 걸음씩 앞으로 가고 있다. 이 책을 읽는 독자분들도
이런 경험을 할 수 있길 바란다.

                                        2021년 8월
                                    가벼워진 마음으로
                                    작가 김미애 드림

목 차 A HAPPY INDIVIDUALIST

2장 조금 달라도, 실수해도,
부족해도 그냥 지나가자

5장 나 자신에게 당당해져라, 그것만으로도 내 인생은 빛난다

A HAPPY INDIVIDUALIST

1 장

나는
겁
많고
나약한
사람
이었다

01

나는 겁 많고 나약한 사람이었다

　사람은 누구나 남과 비교했을 때 그보다는 나았으면 하는 바람이 있다. 그 대상이 외모가 될 수도 있고 지적 능력이 될 수도 있고 때에 따라서는 경제적인 규모가 될 수도 있다. 그래서 사람들은 자신이 남과의 위치에서 '비교열위'에 있지 않으려고 부단히 노력하고 때에 따라서는 어깃장을 놓으며 그 상황을 부정하기도 한다.

　지금도 있는지 모르겠으나, 내가 초등학교 다닐 때 교과서에 황희 정승 이야기가 나왔다. 황희 정승이 들판을 지나고 있었는데 검은 소와 누런 소 두 마리로 밭을 가는 농부를 보았다. 가던 길을 멈추고 농부에게

"어떤 소가 밭을 더 잘 갑니까?"라고 물으니 농부가 하던 일을 멈추고 가까이 와서는 귀엣말로 "검은 소가 밭을 더 잘 갑니다." 하더라는 것이다. 왜 굳이 이렇게 가까이 와서 살며시 이야기하는지 물으니 농부 왈, "누런 소가 들으면 속상해할까 봐 그럽니다." 했단다. 이 말을 듣고 황희 정승은 깨달은 바가 컸다고 한다. 사람들에게 말할 때 항상 이런 걸 조심해야겠구나. 말귀를 못 알아듣는 소에게 말하는 것도 이리 조심스러운데 하물며 사람에게 말할 때야 오죽하랴 싶었다는 것이다.

그럼에도 불구하고 사람들은 남에게 상처가 될 수 있는 말을 여과 없이 뱉어 버리는 경우가 많다. 자존감이 높고 스스로에 대한 단단한 의식을 가진 사람은 거뜬히 감당할 수 있을지 모르나 대부분의 사람은 상처를 받고야 만다. 그리고 그 말에 깊이 괴로워하게 된다. 나도 상처를 받는 나약한 사람이었음을 인정하지 않을 수가 없다. 그리고는 상처를 받지 않기 위해 나 나름의 기준을 정해놓고 그걸 지키려 무던히도 노력을 해왔다. 흔히 말하는 강박관념을 갖게 된 것이다.

나의 첫 번째 강박관념은 항상 올바른 사람으로 살아야 한다는 것이다. 이것은 부모님의 교육 철학과도 관련이 있는 것 같다. 대부분의 부모님이 그렇게 가르치실 테고 나의 부모님도 예외는 아니었다.

아버지는 유난히도 자식들에게 진중하셨고 그 진중함으로 올바름에 대해 늘 말씀하시곤 했다. 아버지 기준의 올바름에 대한 최고 덕목은 예의 바른 것이었다. '모든 사람에게 예의 바르게 행동해라. 특히 약자의 입장에 있는 사람에게 더 예의 바르게 해야 한다.' 아버지가 가장 예의 바르게 대해야 할 표본으로 제시한 대상은 남들에게 무시당하는 사람들이었다.

어릴 적 우리 동네에 동곤(정확한 이름은 모르겠다. 다들 그렇게 불렀다.)이라 불리는 아저씨가 있었다. 그 아저씨 집이 어딘지도 정확히 알 수 없었다. 다만 우리 동네 어딘가에 살고 있고 아무 하는 일 없는 거렁뱅이였다는 것만 알고 있었다. 어른들이 그렇게 행동했기 때문일까? 어린 우리도 동곤이 아저씨를 무시하고 꺼려 했다. 그 아저씨가 아이들에게 놀림감이 되었던 이유 중 하나는 등이 약간 굽은 곱추여서였다. 그의 이상한 외모와 남루한 옷차림 그리고 어눌한 말투는 아이들이 놀리기에 충분한 조건이었다. 장난이 심한 아이는 돌을 던지며 혀를 날름날름 약올리는 듯한 행동을 하기도 했다. 그래도 그는 화내는 일이 없었고 바보처럼 히죽거렸다. 집에 돌아와 그런 일이 있었노라 말씀드렸더니 부모님은 거의 진노하셨다. 절대 그러면 안 된다고 수차례 당부하셨다. 그럴수록 더 예의를 갖추고 정중하게 대하라고 하셨다. 그 아저씨를 보며 정중할 수 있을지 난감하긴 했지만 무의식 중에 나의 뇌리에는 예의 바른 행동을 해야 한다는 생각이 굳어졌다.

부모님의 가르침은 많은 부분 긍정적인 측면으로 나타났다. 그러나 나의 경우는 반작용으로 나타나는 경우도 상당히 많았다. 이를테면, 정말 화를 내야 하는 상황인데도 예의 바른 행동이 아니라는 나의 강박관념은 상대방에게 화를 내지 못하게 차단하고 있었다. 화를 내려 하다가도 뭔지 모를 제동장치에 걸려들어 참아버리게 되는 일이 발생했다. 지나서 생각하면 잘못이 상대방에게 있었는데도 나에게 잘못이 있는 양 아무런 대응을 못한 내가 보이는 것이다. 그러면 그렇게 화가 날 수가 없었다. 다 지난 다음에 뜬금없이 그 일을 거론하며 그 사람에게 뭐라 할 수는 없다. 무슨 일이든 때와 장소가 있는 법이니까. 직장생활을 하면서 이런 일이 되풀이되자 엉뚱한 경우에 터지는 일이 발생해서 어떤 때는 더욱 난감한 상황이 되기도 했다. 굳이 화를 내지 않아도 되는 상황에 억눌려진 감정이 폭발하는 사태가 발생하는 것이다.

두 번째 나의 강박관념은 항상 깔끔한 외모를 갖추고 있어야 한다는 것이다. 지금은 허리가 굽으셔서 치마를 입으실 수 없지만 젊은 날 어머니는 외출할 때 항상 긴 치마를 입으셨다. 아직도 어머니의 하얀 속치마 레이스가 선연하다. 들에서 일하실 때는 세상 볼품없는 차림이지만 외출을 하실 때 어머니의 복색은 어린 내 눈에도 참 단정하고 정갈한 이미지를 풍기셨다. 어머니의 지론은 그래야 남들이 함부로 대하지 않는다는 것이었다. 이 관념은 나에게도 그대로 반영되어 나는 어딜 가나 옷 잘 입는다는 소리를 들었다. 직장에서 재미 삼아 베스트 드레서를 투표하면 나는 항상 거론되는 사람이었다. 문제는 이것도 그냥 습관이 아닌 강박적 증세를 가졌다는 데 있다.

　외국인들이 한국의 전철 안에서 가장 신기한 장면으로 꼽는 하나가 여자들이 출근길에 전철에 서서 화장하는 것이라고 한다. 자기네 나라에서는 절대 볼 수 없는 풍경이란다. 왜 화장을 밖에 나와서 하는지 궁금하다며 문화적 충격이라고 말하는 걸 TV에서 본 적이 있다. 나도 그런 여자들을 도저히 이해할 수 없었다. 30분만 빨리 일어나면 충분히 하고 나올 수 있을 텐데 왜 밖에 나와 저러나, 참 게으르다고 생각했다. 지금이야 남자든 여자든 정장에도 운동화를 신는 게 아무렇지 않지만 나는 정장에 운동화를 신는 게 마치 양옥집에 기와를 얹는 것처럼 어울리지 않는다고 생각했다. 항상 정장에는 구두를 갖춰 신어야 했고 그게 말끔한 차림이라고 여겼다. 심지어 편도 두 시간, 왕복 네 시간의 출퇴근 거리에도 나는 6센티미터 힐을 고수했다. 그리고 사람들이 나를 쉽게 대하지 못하는 부분 중에 하나가 나의 단정하고 깔끔한 외모 덕분이라고 생각했다.

　과거 광고 카피 중에 이런 게 있었다. 아마도 신사복 광고였을 것이다. '옷차림도 전략이다'라는. 도대체 저 카피는 누가 만든 걸까? 감탄하지 않을 수가 없다. 나의 이 강박관념은 나에게만 머무르지 않고 남편에게까지 적용되었다. 그 사람이 출근할 때 옷 색깔을 잘 못 맞춘다거나 넥타이를 제대로 매지 못하면 절대로 그냥 보내지 않았다.

세 번째 강박관념은 뭐든 못한다는 소리를 들으면 안 된다는 것이다. 어떻게 사람이 항상 잘한다는 소리만 들을 수 있겠는가? 하지만 나는 못한다는 말을 들으면 지독히도 괴로워했고 그걸 해결하지 않으면 슬픔의 구렁텅이에 빠져 허우적대야 했다. 내가 잘 해내지 못하면 나를 좋아해 주지 않을 것 같았고 그걸 해소하기 위해 미련하리만치 파고들었다. 그렇게 해서 얻은 것이라고는 몸과 마음이 피폐해졌다는 것 외엔 아무것도 없다는 것을 다 지난 다음에야 알았다.

이제 한 걸음 물러서서 보니 도대체 왜? 왜 그렇게 한 거지? 라는 의문이 생긴다. 한때는 마트에 갈 때도 맨 얼굴로는 가지 않았다. 아무리 안 하더라도 자외선 차단 크림이라도 바르고 나갔다. 가끔은 동생이 '마트 가는데 차림이 뭐가 이렇게 근사해?' 하며 놀릴 정도로 주위의 시선을 의식했다. 그게 불과 2년 전이다.

나는 정말 겁쟁이었다. 내가 그런 강박관념을 가지면서까지 애써 지켜내고자 했던 건 무엇일까? 사실은 아무것도 없다. 단지 상처받을 것이 두려워 나를 꽁꽁 싸매는 일에 불과했던 것이다. 내 몸이 힘들고 내 마음이 괴로운 건 뒷전인 채 남들로부터의 시선에 연연하는 나약한 존재로서의 몸부림이었을 뿐이다.

02

▼

자신의 한계는 자신의 생각이 결정한다

가수나 배우는 어쩌면 미리 느끼고 있는 일인지도 모르겠다. 가수가 이별 노래를 부르면 정말 이별을 하게 되고, 죽는 노래를 부르면 실제로 죽는 일이 생긴다고 한다. 배우도 그렇다. 극 중에서 계속 슬픈 연기를 하면 자기에게도 슬픈 일이 연이어 생긴다고 한다. 이런 걸 보면 그들은 이미 느끼고 있는 듯하다. 어떤 한 가지에 대해 계속 생각하면 정말 현실에서도 그렇게 되는 현상을 말이다.

나는 황규영의 '나는 문제없어'라는 노래를 계속 흥얼거리는 습관이 있는데, 그래서 여기까지 무사히 올 수 있었던 것일까? 갑자기 언제나 나는 문제없다고 노래를 부르던 황규영 가수는 어떻게 지내고 있을지 근황이 궁금해지는 시점이다.

나의 남편 회사는 올해로 창립 20주년을 맞았다. 돌아보면 어떻게 그 많은 산들을 넘어왔나 싶다. 2001년 그가 사업을 시작한 계기는 참 드라마틱하다. 하긴 그의 20년 비즈니스 여정 중 드라마틱하지 않은 이벤트가 있을까 싶긴 하다.

그는 기관의 이름을 거론하면 누구나 아는 여의도의 한 공공기관에 입사했다. 그가 취업했을 때 그의 집에서는 한바탕 난리가 났다고 한다. 학교 총장의 추천으로 입사한 것이기에 학교에서도 꽤나 좋아했다고 한다. 그러나 그는 공공기관과 성격이 맞지 않았다. 그의 머리는 아이디어 뱅크였다. 주어진 일을 하면서도 항상 남들이 했던 틀을 깨면서 새로운 모습을 만들어 나갔고 뭔가 신선하고 참신한 것을 찾으려고 애썼다. 입사 첫해에 근무성적 평가를 무척 잘 받았다. 그리고 특별승진 대상자로 거론되었다. 그러나 보수적인 공공기관의 특성상 첩첩이 쌓여 있는 선배들을 제치고 갓 입사한 햇병아리를 승진시키는 것은 무리였다. 그래서 첫해에 승진이 무산되었다. 두 번째 해에도, 세 번째 해에도 같은 사안이 반복되자 그는 직장에 회의를 느끼기 시작했다. '내가 있어야 할 곳이 맞는 것일까?' 비단 승진에만 문제가 있었던 것은 아니다. 그가 업무 중 떠오른 혁신적인 사업 제안을 하면 상사들은 '네가 나가서 사업 차리면 그렇게 해. 여기서 그러지 말고.'라며 그의 의견을 묵살하기 일쑤였다. 그래서 그는 정말 직장을 그만두고 나와버렸다. 그때는 우리에게 아이도 없었고, 나도 안정적인 공공기관에 근무하고 있을 때라 겁 없이 사표 던지는 것에 동의했다. 하지만 막상 그만두고 나오니 막막했다. 남들 다 부러워하는 직장을 걷어차고 나온 마당에 어디 더 좋은 직장을 찾는다는 것도 어불성설이었다. 한동안 그는 봇짐장수 컨설팅을 하러 다녔다.

그러던 중 그에게 황금 같은 기회가 찾아왔다. 자신이 전 직장에 근무할 때 제안했던 내용을 정말 사업화해보자는 데 생각이 미친 것이다. 그리고 귀인을 만날 수 있었다.

K 회장님은 남편에게 초기 자본금을 투자해주신 분이다. 남편이나 나나 둘 다 가진 돈이라고는 직장생활 하면서 적금으로 붓기 시작한 얼마 안 되는 금액이 전부였다. 그런데 K 회장님이 그가 제시하는 몇 장의 사업계획서를 보고 선뜻 투자를 결심하신 것이다. IMF를 맞고 얼마 지나지 않은 시점이라 펀딩으로 사업을 시작한다는 게 거의 불가능한 시기였다. 그렇기에 더욱 기적과 같은 일이 아닐 수 없었다. 그 사람의 아이디어에 대한 사업성을 알아본 K 회장님의 안목이 놀랍다.

2001년도는 벤처 붐이 한풀 꺾인 시점이긴 했으나 어쨌거나 벤처창업

기업들은 하나같이 테헤란로에 사무실을 오픈하는 게 꿈이었다. 그도 멋지게 선릉역 근처의 근사한 빌딩에 사무실을 오픈했다. 이제 꿈을 펼치고 날아오를 시점이다.

그러나 그의 아이템은 이미 레드오션이었다. 국내에서의 경쟁 기업은 없었으나 외국의 빅펌들이 유입되면서 신생 기업은 발붙일 공간이 없었다. 블로그나 인스타, 유튜브 등이 없는 때였으므로 마케팅을 할 적절한 방법도 찾지 못하고 있었다. 그의 사업 관련 각계 인사들의 모임이 있다는 정보를 얻기는 했으나 그 모임에 끼어들어갈 방법도 없었다. 회사는 자본 잠식 상태로 접어들었고 임대료가 비싼 테헤란로에 더이상 있을 수가 없었다. 결국 양재역으로 이전, 그 후 안산의 K 회장님 빌딩으로 이전하는 괴로움을 겪어야 했다. 이대로 무너지나 싶었다.

하지만 그는 아이디어 뱅크이지 않은가! 그런 그가 돌파구를 못 찾을리 없었다. 새로운 사업 아이디어를 고안해 낸 것이다. IoT 보안 반도체 사업! 그가 사업 아이템을 얘기했을 때 주변 사람들은 혀를 내둘렀다. 반도체 사업은 아무나 하냐면서.

그 당시 우리나라 반도체 사업은 삼성 반도체와 하이닉스 반도체 두 대기업이 양대 산맥을 이루고 있었다. 워낙에 대단위 자본이 투자되어야 하는 사업이었으므로 언감생심 누구도 그 거대 기업을 상대로 반도체 사업을 꿈꾸지 못했다. 완전 미친 사람 취급을 당했다. 일명 그 사업의 이단아이자 '또라이'였다. 그는 커다란 양대산맥 사이로 'IoT 보안칩'이라는 틈새시장을 찾아내어 우직하게 밀고 나갔다.

사업이 다각화된 이상 자본 잠식이나 푼돈 끌어모으기식의 고혈을 짜내는 운영으로는 한계가 있었다. 큰 자본이 필요했다. 그는 국내외 자본을 유치해 줄 전문가를 영입했고, 신사업 분야 엔지니어를 대거 끌어들이기 시작했다. 그러나 신사업이 마냥 탄탄대로를 달릴 수만은 없었다. 실적은 투자자들이 제시하는 엄청난 목표치에 미치지 못했고 이사회 의결을 통해 대표이사직을 내려놔야 했다. 의결이 있던 날, 사업을 시작하고 처음으로 그의 애끓는 울음소리를 들어야 했다. 당장 직원들 월급 줄돈이 없어 전전긍긍한 날도 있었고, 그의 월급명세서를 구경조차 할 수 없는 날도 셀 수 없이 많았다. 그렇게 근근이 생활하면서도 울어본 적이 없는 그였다. 그런 그가 불 꺼진 방 침대에 누워 앓고 있는 짐승의 소리와도 같은 낮고 괴로운 울음을 울었다.

대표이사직을 내려놓던 그해 늦은 가을! 그는 대한전자공학회에서 기술혁신상을 받았다. 국내 공학회 중에는 가장 큰 규모를 자랑하는 전문가 집단에서 그의 기술을 공식적으로 인정하는 자리였다. 이를 증명이라도 하듯 네이버에 'PUF 보안반도체' 또는 'PUF 보안칩'을 검색하면 그의 회사가 가장 먼저 검색된다.

만일 여타의 사람들이 그랬던 것처럼 남편이 두 거대 공룡을 두려워하여 기존의 아이템만으로 사업을 했다면 어떻게 되었을까? 사람들이 만류할 때, 다들 그렇게 말하니 정말 할 수 없나 보다 하고 포기했다면 지금 그가 비즈니스맨으로 남아 있을까? 20년간 옆에서 그를 지켜보며 존경하는 마음이 자리잡았다. 늘 꺾이고 좌절하고 포기를 거듭하는 나에비해 그는 자신의 한계를 극복한 사람으로 비쳐졌다.

자신의 한계를 극복한 사람으로 국가대표 레슬링 선수인 심권호 선수가 있다. 지금은 종료된 〈강연 100℃〉라는 TV 프로그램을 통해 그의 도전정신과 한계를 뛰어넘는 의지력을 엿볼 수 있었다. 그가 강연 중 한 말은 잊을 수가 없다.

"내가 선을 긋는 그 순간, 한계는 결정된다."

그는 레슬링 최경량급인 48kg급에서 세계 레슬링계를 제패한 선수이다. 1994년 히로시마아시안게임 금메달, 1995년 아시아선수권/세계선수권 금메달, 1996년 애틀란타올림픽 금메달! 그가 48kg급에서 이뤄낸 성과들이다. 그러나 48kg급이 없어지고 말았다. 운동을 그만둬야 하는 상황이 발생한 것이다. 레슬링 선수에게 체급을 바꾸는 것은 죽음과도 같은 고통을 감내해야 하는 일이라고 한다. 그러나 그는 좌절하지 않았고 다시 54kg급에 도전했다. 그리하여 1998년 방콕아시안게임 금메달/세계선수권 우승, 1999년 아시아선수권 우승, 그리고 2000년에는 시드니 올림픽 금메달이라는 쾌거를 이뤄냈다. 이것으로 그는 세계 레슬링 사상 초유의 2체급 그랜드슬램 달성이라는 엄청난 기록을 만들어냈다.

자신의 한계는 타인이 결정해주는 것이 아니다. 자신이 포기하지 않는 한 한계는 없다. 무제한인 것이다. 그렇다고 한계를 극복하지 못한 자신을 질책하지는 말자. 그 극복 과정이 너무도 힘에 부치고 버겁기에 보통의 사람들은 넘지 못하는 게 일반적이다. 다만, 지레 겁먹지는 않길 바란다. 나는 못 할 거야, 나는 안 될 거야 하고 미리 포기하지 않기를 말이다. 향후에 돌아보았을 때 여한이 없다고 느낄 만큼, 일말의 후회도 남아 있지 않다고 말할 수 있을 만큼 최선을 다해보도록 하자.

03

나를 호구로 만든 건 나 자신이었다

고대 그리스의 노예이자 이야기꾼인 아이소포스가 지은 우화들을 모아 만들어놓은 이야기 모음집이 있다. 아이소포스를 영어식으로 표기하면 이솝이 되는데, 우리가 알고 있는 이솝 우화가 바로 그것이다. 이솝 우화는 동물들을 마치 사람인 양 의인화시켜 재미있고 쉽게 교훈적인 내용을 전달하고 있다. 그래서 어린이들의 필독서로 많이 읽힌다. 나도 어릴 적에 많이 읽었는데 되새겨보면 어른들을 일깨워주는 내용도 많다.

피리 불기를 좋아하는 한 어부가 있었다. 그는 피리와 그물을 챙겨 물고기를 잡으러 나갔다. 바다 위에 배를 띄워놓고 피리를 불기 시작했다.

물고기들이 피리 소리를 듣고 춤을 추며 모여들기를 바라는 마음에서였다. 그러나 한참을 불어도 물고기는 모여들지 않았다. 결국 피리 불기를 멈추고 그물을 던져 넣었다. 그랬더니 잠시 후 물고기들이 한가득 잡혀 올라오는 것이었다. 파닥거리는 물고기들은 마치 춤을 추고 있는 듯했다. 어부는 속상했다. 좋은 음악을 들려줄 때는 모여들지 않더니 왜 그물을 던지니까 몰려들어 파닥거리는지 알 수가 없었다.

일을 하는 데는 적합한 방법이라는 게 있다. 목적에 맞는 수단을 사용해야지 목적에는 상관없는 자신이 좋아하는 방법을 선택하면 효과가 없는 법이다.

같이 근무한 동료 여직원 P가 있었다. 그녀는 어딘지 모르게 당차 보였고 나는 그녀의 그런 면을 부러워하곤 했다. 유난히도 일이 많은 때였다. 다들 항상 바빴고 많이 지쳐 있었다. 그럴 때면 일을 끝내고 시원한 맥주한잔을 마시며 서로 힘을 북돋아주었다.

"자자, 서두릅시다. 얼른 끝내고 옆에 호프집에 가서 시원하게 목이나 축이고 가자고."

"예, 알겠습니다. 빨리빨리 하시지요."

"한잔씩 하고들 가세요. 저는 바로 집에 가려구요."

"..........................."

서로 의지하며 격려하는 분위기에 찬물을 끼얹는 그녀였지만 정작 스스로는 아무렇지도 않다는 표정이었다. 내가 같이 가지 그러느냐고 회유해보기도 했지만 그녀는 가고 싶으면 너나 가라며 그대로 가버렸다. 그런 일이 한두 번 반복되다 보니 어느 순간 그녀가 모임에서 빠져도 아무렇지도 않은 분위기가 되었다. 사실은 나도 그녀처럼 얼른 집에 돌아가 쉬고 싶은 마음이 컸다. 하지만 나까지 그러면 안 될 것 같은 느낌이었다. 저 사람은 이 애매한 분위기가 안 느껴지나? 왜 항상 자기 하고 싶은 대로 하지?

그녀는 휴가도 참 잘 찾아 썼다. 연차 외에도 여직원들은 월 1일에 한하여 생리휴가를 쓸 수 있도록 규정화되어 있었다. 그러나 아무도 생리휴가를 쓰는 사람은 없었다. 그녀를 제외하고는. 사실 연차를 쓰는 것도 눈치가 보이는 상황이라 그 누구도 자신에게 주어진 연차를 모두 사용하는 사람이 없었다. 그런 상황에서 생리휴가라니!

일이 많으니 피로가 누적되었다. 쉬고 싶은 마음이 간절했지만 나만 쉰다고 하기에 참 미안한 상황이었다. 그렇게 억지로 억지로 버티다가 기어이 병이 나고 말았다. 일주일간 병원 신세를 지고 겨우 출근할 수 있었다. 출근하는 날은 나 대신 고생했을 동료들을 위해 박카스를 사서 한 병씩 돌렸다. 고생했다는 말과 함께.

"그래, 몸은 좀 나아졌고? 이 사람아, 미련하게 쓰러질 만큼 일을 하면 어쩌나? P씨처럼 휴가도 쓰고 그래가면서 자신의 컨디션 조절은 스스로 알아서 해야지. 이렇게 오래 자리를 비우면 다들 힘들잖아."

부서장의 핀잔이었다. 이런 억울한 일이 있는가? P는 회식도 참여 안 하고 휴가도 자기가 원하면 아무 때나 쓰고 자기 하고 싶은 대로 다 했다. 반면 나는 열심히 일하다 쓰러졌는데 다독여주지는 못할망정 컨디션 조절 못했다고 면박을 주다니.

지나고 보니 그 순간에는 야속했는데 부서장의 말이 틀린 건 아니었다. 휴가는 쓰라고 있는 것이고 컨디션 조절 못할 만큼 열심히 해야 한다고 강요한 사람도 없었다. 나 혼자 그랬던 것이다. 분위기 어색하게 하는 게 싫어서, 나만 휴가를 쓰는 게 눈치 보여서. 그렇게 해야 내 맘이 불편하지 않으니 내가 그걸 선택한 것뿐이었다. 그물을 쓰면 확실했을 것을 자기가 좋아하는 피리를 연신 불어댄 이솝 우화의 어부하고 다를 바가 없었다. 일명 알아서 기는 호구를 스스로 자처한 것에 불과했다.

생각하고 싶지 않지만 나의 호구 짓은 버라이어티하다. 말단 직원이던 시절, 선배가 자기의 잡일을 나에게 시키는 게 그렇게 싫었다. 나도 내 일이 있는데 걸핏하면 불러서 자신의 잘잘한 일을 나에게 시켰다. 그때의 싫은 기억 때문이었는지 나는 밑으로 후배가 들어와도 내 일을 시켜본 적이 없다. '그래, 너희들은 선배한테 짜증나는 일 없이 즐겁게 일해라. 내가 배려해준다.'라는 생각이었던 것 같다. 그러나 직급이 높아질수록 일의 비중도 커졌다. 혼자 해내기 버거울 정도의 업무량이 계속해서 떨어졌다. 솔직히 중요한 일은 내가 처리하고 부수적인 일은 누가 대신 처리해줬으면 싶었다. 그러면 일이 밀리지 않고 좀 더 수월하게 진도를 뺄 수 있을 것 같았다. 하지만 후배에게 내 일을 전가하는 것 같은 느낌에 그럴 수가 없었다. 결국 휴일을 반납하고 토요일, 일요일에 나가서 일하는 방법을 택했다. 그게 마음이 편했다.

그러나 다른 곳에서 문제가 발생했다. 주중에도 계속 야근하고 주말까지 나가서 일을 하다 보니 가족에게 소홀해질 수밖에 없었다. 아이도 엄마가 필요할 터였고 남편도 나의 빈자리를 많이 아쉬워했다. 꼭 그래야만 하는지, 일을 좀 줄여달라고 하면 안 되는지 궁금해했다.

또 다른 기막힌 일은 도무지 직원들과 어울릴 시간이 없었다는 것이다. 나와 동등한 직급의 다른 동료들은 직원들과 어울려 밥도 먹으러 가고 간간히 영화도 같이 보러 가곤 하는데 나는 좀처럼 시간을 낼 수가 없었다. 그런 나를 보며 가까운 직원은 뭘 그리 열심히 하느냐고 그냥 대충하고 끝내라고 말하기도 했다. 하지만 그건 내 스타일이 아니다. 나 스스로 최선을 다하지 않았다고 생각하는 일은 내 기준으로 실패한 일이나 다름없었다. 무슨 일을 하든 내가 할 수 있는 모든 정성을 기울여 좋은 결과물을 만들어내야 했다.

이제 조카들이 사회생활을 하기 시작했다. 식사 자리에서 내가 그런 이야기를 무슨 무용담처럼 자랑삼아 이야기하고 있었다. 그러자 조카가 나에게 일침을 가했다.

"이모, 그렇게 한다고 후배들이 이모한테 고마워할 것 같아요? 그들은 그게 당연한 거예요. 이모 일은 이모가 하고, 자기 일은 자기가 한다는 식인 거죠. 빨리빨리 처리하지 못하고 항상 바쁜 척하는 이모를 무능하다고 볼 수도 있어요. 이모의 과거 선배처럼 자잘한 일은 후배한테 시키세요. 그래야 이모가 무슨 일 하는지도 알고 얼마나 업무량이 많은지도 알아요. 그리고 나서 근사하게 밥 한번 사면 그걸 더 좋아할 걸요?"

어처구니가 없었다. 사회생활 초년생인 어린 조카도 아는 것을 나만 몰랐단 말인가? 사실 몰랐던 것은 아니다. 다만 마음 불편한 것을 참아내지 못하고 편한 쪽을 선택했을 뿐이다. 그러나 그건 옳은 선택이 아니었다. 조금의 마음 불편함을 감내하는 것이 가족과 나를 위해서 여러모로 나은 선택이었으나 나는 그것을 외면한 것이다.

사람들은 흔히 자신의 주관에 치우쳐 현실적인 판단을 잘 못하는 경우가 있다. 그러나 냉철하게 생각해야 한다. 빨리 잘못을 깨닫고 현실에 맞는 방법을 찾아가야 한다. 그게 배를 띄워놓고 피리를 부는 어리석은 어부와 같은 사람이 되지 않는 방법이다.

04

나는 행복한 삶과 반대로 살고 있었다

우리가 직장생활을 하는 이유는 무엇일까? 돈을 벌기 위해서? 그럼 돈을 버는 이유는 무엇일까? 나와 내 가정이 안정적으로 잘살기 위해서? 그럼 안정적인 삶이란? 경제적으로 아무 구애 없이 건강하고 행복하게 사는 것. 그렇다. 우리가 직장생활을 하는 궁극적인 목적은 바로 우리 삶의 행복 추구를 위해서이다. 어떻게든 우리는 행복한 삶을 살아보고자 이 힘든 경쟁 사회 속에서 열심히 살아가고 있다.

내가 나의 행복할 권리를 찾겠다는데 세상은 나에게 첫 관문부터 진입 장벽을 높이 쌓아놓고 넘어 보라고 종용하고 있었다. 취업의 장벽을 뛰어넘는 것부터 열띤 삶은 시작되었다.

　고졸인 나를 세상은 그리 호락호락하게 받아줄 생각이 없어 보였다. 여상을 나오면 보통은 은행에 입사하여 높은 창구(일반 고객을 상대하는 창구. 낮은 창구는 고졸의 몫이 아니었다)에서 일하는 경우가 많았다. 그러나 내가 고3인 1992년도에는 무슨 일인지 은행들이 채용을 많이 하지 않았다. 그러다 힘들게 증권사에 입사원서를 넣고 시험 볼 기회가 생겼다. 필기시험은 무사히 통과했고 면접시험을 치렀다. 그리고 남은 일은 애타게 기다리는 것이다. 기다린 결과 합격! 너무도 벅차고 행복한 잠깐의 순간이었다.

　증권사로부터 전달받은 입사 서류들을 작성하여 제출했다. 꽤 다양한 종류의 서류가 있었고 그중 한 가지가 재정보증인을 세우는 것이었다. 나는 우리 집의 가장인 큰오빠와 가까운 데 살고 계신 큰아버지를 재정보증인으로 세웠다. 그러나 최종 결과는 탈락이었다. 왜? 받아들일 수 없었다. 증권사 인사팀으로 전화를 걸어 내가 왜 떨어졌는지 따져 물었다. 증권사의 대답은 나를 바닥이 보이지 않는 엄청난 심연으로 떨어뜨렸다. 차라리 물어보지 말 것을…… 이유는 단 하나였다. 내가 편모가정에서 자랐기 때문이었다. 증권사가 원하는 제1 재정보증인은 아버지여야 했다. 혹시나 직원이 금전적인 실수로 손해배상이 필요할 경우 제1 재정보증인은 그걸 감당해야 할 존재였다. 그러나 나에게는 그런 든든한 재정보증인이 없었다. 나한테 어쩌라는 것인가? 그래서 큰오빠와 큰아버지를 재정보증인으로 세우지 않았는가? 왜 아버지는 되고 그들은 안 된단 말인가? 세상은 내가 아닌 나의 환경까지 들먹이며 자신들의 도도한 장벽을 넘어 보라고 나를 자극하고 몰아세웠다.

이를 악물어야 하는 처절한 전쟁이 시작되었다. 잔혹한 세상은 내가 극복할 수 없는 것까지 잣대로 들이밀며 나를 평가했다. 그걸 극복하려면 세상이 원하는 것을 가진 사람보다 나의 능력을 몇 곱절 이상 키워놔야 했다. 하지만 망할 세상은 나에게 왜 이렇게 원하는 게 많단 말인가? 아버지란 존재는 내가 만들 수 없으니 깨끗이 포기하자. 나를 깎아내리려고 날을 시퍼렇게 세우고 있는 세상에게 그래, 그만큼 깎여주자. 그러나 세상이 제시하는 또 다른 난관 학벌! 대졸을 원하고 있었다. 아……어쩌라고 나에게 내 힘으로 극복하기 힘든 조건들을 자꾸만 제시한단 말인가? 당장 그 조건을 충족할 수 없으니 또 그만큼 깎여지는 수밖에. 그러고 나니 가뜩이나 보잘것없는 나는 세상의 기준으로 봤을 때 쓸데없는 사람이었다. 깎이고 깎여 반푼이도 안 되는 인간이었다.

그래서 학벌을 따지지 않는 공무원이 되었다. 아뿔싸! 공무원 월급이 이렇게 박했었나? 첫 월급봉투를 받아들고는 기가 막혔다. 이렇게 해서 어느 세월에 돈을 모으겠는가? 그 당시 나는 신혼인 언니 집에서 더부살이를 하고 있었는데, 언니는 막막해하는 나에게 그래도 철밥통인데 그 속에서 열심히 살다 보면 좋은 날 올 것이라고 앞을 보며 기다리라고 했다.

그러나 받아들일 수 없었다. 지긋지긋한 가난도 싫었고 세상이 가방끈 짧다고 나를 폄하하는 것도 싫었다. 가방끈도 늘리고 돈도 더 많이 벌어야 했다. 더욱더 열심히 나를 무시하는 세상에 돌을 던져야 했다. 공무원으로 재직하면서 공부도 하고 아르바이트도 했다. 그러면서 기회를 기다렸다. 나에게도 기회는 오겠지. 구렁텅이에서 빠져나갈 멋진 돌파구 하나쯤 나타나겠지.

그러기를 4년 남짓! 기회가 왔다. 적어도 나에게는 기회로 보였다. 경기도청과 중소기업청이 자본금을 투자하여 중소기업 지원을 위한 공공기관을 만든다는 것이다. 기회가 왔다고 생각하니 가슴이 두방망이질치기 시작했다. 어떻게든 그 기회를 잡아야만 했다. 공무원은 나의 길이 아니다. 나의 몸값을 높일 수 있는 곳으로 가자.

그날부터 이직을 위한 새로운 공부를 시작했다. 신설 법인의 설립 목적이 무엇인지, 주요 사업으로는 어떤 것들을 추진할 계획인지, 설립 규모는 어느 정도인지, 조직원 구성은 어떻게 할 것인지, 채용은 언제 할 것인지 그리고 채용 조건은 어떻고 시험은 무엇을 보는지.

필기시험이 없었다. 그렇다면 100% 면접이 당락을 결정한다. 아……, 나에게 불리했다. 필기시험이 있어줘야만 했다. 필기시험이 50%를 받쳐 줘야 면접 50%를 근사하게 채우지 못하더라도 합격할 확률이 높아진다. 필기시험은 죽어라 공부하면 된다. 이건 다른 사람에게나 나에게나 공평하게 주어지는 조건이다. 그러나 면접은 다르다. 나는 아직 내 가방끈의 길이를 늘려 놓지 못했다. 아직 대학 졸업장이 없는 것이다. 그게 나를 조바심 나게 했다. 이제 한 학기만 더 다니면 되는데. 자꾸만 면접이 부담스럽게 느껴졌다. 그럴수록 더 면접 준비를 철저히 해야 했다.

인터넷이 없던 시절이라 시사상식도 책으로 공부를 해야 했다. 거의 1,000페이지 되는 분량의 상식 책을 달달 외웠다. 상식 책에 나와 있는 건 말이 상식이지 절대 상식이 아니다. 내가 보기엔 전문 지식에 가까운 깊은 내용도 상당히 많았다. 그리고 경기도청과 중소기업청에서 실시하는 중소기업 지원 정책들을 머릿속에 집어넣었다. 또 뭘 준비해야 하나? 아! 매일매일 4대 일간지를 정독하고 9시 뉴스를 꼭 시청했다. 뭘 물어볼지 알 수 없었으므로. 그렇게 준비하는 데 거의 두 달이 걸렸다.

공들여 준비한 이직! 당당히 합격을 했다. 눈물이 났다. 무슨 의미인지는 알 수 없었지만 마음껏 울어줬다. 그리고는 바로 병원 신세를 져야 했다. 나는 원래 뭔가 한 가지에 집중하면 다른 건 잘 생각하지 못한다. 오로지 그것에만 매달린다. 잘 먹지도 않고 잘 자지도 않는다. 목표한 바를 성취해낼 때까지는 오로지 그것만 본다. 이직을 준비하는 동안에도 예외가 없었다. 두 달을 그렇게 했더니 장에 염증이 생겼던 것이다. 몸 아픈 거야 뭐 하루 이틀 일인가? 항상 병원 문턱이 닳도록 드나들었는데. 그냥 참고 시험에만 매달리다 기어이 장이 붙어버리고 만 것이다. 장유착이라고 했다. 통증은 말로 할 수 없을 정도였다. 박경철 의사의 『시골 의사의 아름다운 동행』에 보면 장유착의 고통은 출산하는 고통의 10배라고 나온다. 정말 이러다 내가 죽을 수도 있겠구나 하는 생각이 처음으로 들었다.

내가 이러는 건 어쩌면 가지지 못한 자의 자격지심일 수도 있고, 세상을 향한 나만의 항변일 수도 있다. 이유야 무엇이 되었든 간에 나는 앞만 보고 끊임없이 달렸다. 그 이후로도 나는 뭔가 성취 대상이 보이면 무조건 달렸다. 정면에 시선을 고정한 채 주변은 아무것도 둘러보지 않았다. 가족도 친구도 나를 제어할 수 있는 요인은 되지 못했다. 엄마의 손길이 필요한 아이에게도, 아내의 살뜰한 보살핌이 필요한 남편에게도 나의 역할은 부족하기만 했다.

나는 왜 직장생활을 했던 걸까? 내가 반푼이 인간이 아니라고 세상에 고함치고 싶어서? 아니면 돈을 벌기 위해서? 살다 보니 돈이 그렇게 많이 필요하지는 않았다. 적어도 내 삶에서는 그랬다. 내가 명품을 선호하는 명품족도 아니었고 호화로운 집을 원하는 것도 아니었다. 그냥 열심히 살다 보니 지겹도록 나를 괴롭혔던 가난도 어느새 저만큼 물러나 있었다.

직장생활을 마무리하고 보니 나의 처절한 몸부림은 목적을 잃은 질주였다. 빨간 보자기만 보면 무턱대고 달려드는 황소처럼 뭔가 이뤄내야 할 대상이 보이면 그냥 덤벼들었다. 그러다 결국 건강만 잃고 말았다. 확실하게 돈을 좇든가 확실하게 사회적으로 우월한 지위를 확보하든가 내가 만족하고 행복할 만한 뭔가를 정해놨어야 했지만 나는 그저 몸부림만 쳤을 뿐이다. 나를 사랑해주는 가족과 친구들이 있는데 그렇게 소중한 것들을 외면하고 혼자만의 우리 안에서 발악을 했던 것이다. 행복하기 위해 한다고 생각했던 모든 일들은 정작 행복과는 먼 눈앞의 빨간 보자기였다. 네 잎 클로버가 뭐라고 그걸 찾겠다고 주변의 세 잎 클로버들을 뭉개버렸는지 모르겠다.

05

나는 왜 타인의 인정에서 안정을 느낄까?

嚴父慈母(엄부자모)! 아버지는 엄하고 어머니는 자애롭다는 뜻이다. 우리 집은 전형적인 엄부자모의 모습을 갖춘 가정이었다. 아버지가 어찌나 엄하시던지 아버지 말씀은 대통령령보다도 우선되었고 헌법보다도 높았다. 그야말로 아버지는 우리 집에서 지존의 자리에 계셨다. 가끔은 다른 집의 아버지들처럼 우리 아버지도 재미있고 다정한 분이셨으면 하고 바랐다. 한번은 이런 일도 있었다.

초등학교 시절, 그때만 해도 시골 마을은 집집마다 자동차가 있지 않았다. 대신 집집마다 자전거가 있었다. 우리 아버지도 자전거로 출퇴근하셨다. 우리 집은 마을의 높은 곳에 위치해 있어서 마당에 나와 밖을 내다보면 눈 아래로 동네의 모습이 보였다. 마을 입구를 보니 아버지가 다른 분들과 함께 자전거를 타고 퇴근하고 계셨다. 나는 어머니께 아버지 오신다고 큰 소리로 말씀드리고는 부리나케 달려나갔다. 나를 본 다른 친구들도 덩달아 달려나와 마치 달리기라도 하듯 뛰어갔다. 자신만 아버지가 있는 것처럼 각자의 아버지를 목청 높여 부르면서.

"아버지, 안녕히 다녀오셨어요?"
"아빠~~~, 아빠 먹을 거 사 왔어? 뭐야?"

나는 언제나 정중하고 예의 바르게 행동해야 한다고 아버지께 배웠다. 친구가 자신의 아버지를 아빠라고 부르며 살갑게 행동하는 모습을 보면 나는 으레 아버지의 표정부터 살폈다. 저렇게 해도 되나? 아버지가 가르치셨던 모습은 아닌지라 저런 모습을 보고 어찌 생각하실지 궁금했던 것이다. 한편으로는 버릇없어 보이기도 했지만 사실 나도 아버지를 아빠라 불러 보고 싶었다. 아빠라고 부르는 것만으로도 아버지가 다정하고 따뜻한 사람이 되는 것처럼 느껴졌다.

아버지께 직접 여쭤보지는 못했고 어머니께 살그머니 여쭤보았다. 나도 아빠라 불러봐도 되는지. 어머니는 나의 머리를 쥐어박으셨다. 그러고는 다시 싹싹 훑어주셨다. 안 되지만 내가 안쓰럽다는 어머니만의 표현을 그렇게 하셨던 것이다.

이렇게 아버지는 어린 나에게도 엄하고 무서운 분이었다. 감히 아버지의 말씀을 거스르는 일은 상상도 할 수 없었다. 내게 무섭다는 말은 무겁다는 의미도 담고 있었다. 그렇게 무섭고 무거운 아버지와 좀 더 가까워지려면 아버지께서 좋아하시는 일을 해야 한다고 생각했다. 아버지께서는 칭찬하실 때면 앞니를 다 드러내고 활짝 웃으셨고 머리를 쓰다듬어주셨다. 정말 기분이 좋을 때는 엉덩이도 톡톡 두드려 주셨다. 그러면 무거운 느낌이 아닌 가벼운 느낌의 아버지가 되었다.

우리 집은 밭이 꽤 많았던 듯하다. 그래서 항상 온 가족이 밭에 나가 있었다. 호미를 잡을 수 있는 나이가 되면 손에 호미가 들려 있었다. 아주 어린 나이에는 가족들이 죄다 밭에 나가 있으니 밭가에서 놀아야 했다. 어김없이 내 손에도 호미가 들려 있었다.

김매기 경주가 시작된 것도 아닌데 나는 혼자 조급한 마음에 미친 듯이 밭고랑을 파 나가기 시작했다. 풀을 뽑고 곡식이 잘 자라게 해주는 게 김매기의 목적이지만 나에겐 그런 일 따위는 아무 의미도 없었다. 제일 먼저 밭고랑 끝에 가 아버지께 잘했다는 칭찬을 듣고 싶었다. 간혹은 내가 한 고랑을 다 끝마치기도 전에 아버지께서 소리 내어 웃으시며 가족들 앞에서 나를 칭찬해주셨다.

이 얼마나 행복한가? 아버지가 나 때문에 웃으셨고 무서운 아버지가 나를 칭찬해주셨다. 손바닥에 물집이 생기든 껍질이 벗겨지든 그것도 나에겐 대수롭지 않은 일이었다. 다만 아버지의 칭찬만이 나를 행복하게 했다.

학교에 가서도 칭찬을 갈구하는 나의 마음은 유별났다. 공부 잘한다는 소리를 들어야 했고, 똑똑하다는 소리를 들어야 했고, 게다가 착하다는 소리도 듣고 싶었다. 수줍음이 많은 탓에 낯선 사람과 말하는 것을 극도로 꺼리는 성격이었지만 나는 학교에서 개최하는 모든 대회에 나갔다. 노래 부르기 대회, 글쓰기 대회, 수학경시 대회, 과학탐구대회…. 대회도 참 많았다. 어쨌거나 나는 공부 이외의 재능 활동들에도 다 참석해야 직성이 풀렸다.

사실 나는 노래를 썩 잘하지 못한다. 수학을 좋아했던 것도 아니다. 그럼에도 불구하고 모든 대회에 나갔던 이유는 선생님께 열심히 하는 아이로 보이고 싶었기 때문이다. 애썼다, 고생했다, 그런 말로 나를 인정해주시는 선생님의 칭찬을 받고 싶어서였다. 그렇게 해서 다양한 상장을 받아 오면 공부만 잘해서 상장을 받아 오는 다른 형제자매들보다 내가 훨씬 열심히 하는 자식으로 아버지께 비쳐질 터였다.

친구들은 내가 적극적이고 활발한 성격인 줄 안다. 어떻게 그렇게 많은 사람들 앞에서 노래를 부를 수 있냐며 나를 치켜세워 줬다. 그 친구들이 대회에 나가지 않겠다고 뒤로 빠지는 그때 나는 손을 번쩍 들어 참가하겠다고 했다. 그랬으니 그들이 보기엔 내가 대단해 보였을 수도 있을 것이다.

사회생활을 하면서도 나의 성격은 변하지 않았다. 누구보다 열심히 하는 사람이었고 근무성적 평가도 그렇게 반영되어 나왔다. 나는 열심히 하지 않는 사람들을 이해할 수가 없었다. 열심히 하지 않으면서 자신의 근무성적 평가가 좋지 않다고 불만을 토로하는 사람들의 마음가짐이 궁금했다.

수원에 있는 경기도경제과학진흥원(이하 진흥원)은 내가 거쳐온 세 곳의 공공기관 중 첫 번째 기관이다. 나는 그곳의 창립 멤버로 공공기관 근무를 시작했다. 일반 기업에서도 그렇지만 창립 멤버는 고생을 할 수밖에 없다. 뭐든 처음이기 때문이다. 그만큼 시행착오도 많이 해야 했고 무에서 유를 창조하며 앞으로 나아가야 했다. 진흥원은 설립 당시 임대 건물에 사무실을 두고 있었다. 그리고 별도의 대회의장과 호텔까지 갖춘 지상 16층의 본 건물로 이전하기까지는 몇 년의 시간이 소요되었다.

2001년 9월 20일! 진흥원이 자가 건물로 이전해 각계 인사들과 대통령까지 모시고 이전 기념 행사를 한 날이다. 두세 달 전부터 전 직원이 매달려 행사를 준비했다. 각자 본인의 업무를 진행하면서 부가적으로 행사 준비까지 병행해야 했다. VIP 참석 행사는 내가 그동안 겪었던 행사들과는 차원이 달랐다. 청와대 경호실에서 며칠 전부터 나와 건물 구석구석을 모두 점검했다. 위험 요인을 제거하기 위해서였다.

그 와중에 나와 함께 근무하던 여직원이 출산을 하게 되었고, 그 직원의 일까지 내가 다 떠안아야 하는 상황이었다. 그러나 그때는 나도 이미 만삭인 상태였다. 임신 8개월인데도 과로에 의해 체중이 거의 늘지 않았다. 아이는 커 가는데, 배도 남산만 한데 체중은 별반 달라지지 않았던 것이다.

의사는 일을 줄이라고 했다. 견뎌내기 힘들 것이라 했다. 그러나 미련스런 나는 도저히 일을 놓을 수가 없었다. 임신을 핑계로 내가 내 일을 제대로 해내지 못하면 안 될 것 같았다. 그럼 다른 여직원들과 차별화되지 않을 것 같았다.

야근은 연일 이어지고 2001년 9월 18일에도 내 일은 밤 12시가 넘어서야 끝났다. 온몸은 퉁퉁 부어 있었고 컨디션은 이미 바닥을 친 상태였다. 9월 19일에는 도저히 출근할 수가 없었다. 몸이 일으켜지지 않았다. 내일이 행사인데, 내 일이 있는데 어떻게 하나 걱정이 태산이었다. 그렇게 통증이 시작되었고 하루 고생 끝에 다음 날인 9월 20일에 나의 아들을 만나 볼 수 있었다. 진흥원 행사는 나 없이 진행되었다.

행사가 끝나고 직원들로부터 축하 전화를 받았다. 나와 아이 모두 황달 증세를 보이고 있었으므로 외부인 방문은 통제되었다. 나의 팀장님도 전화를 주셨다. 행사 때문에 고생 정말 많이 했다고. 끝까지 애써줘서 고맙다고. 아! 내가 고생한 걸 알아주시는구나. 그제야 마음이 놓였다.

  이렇게 나의 삶은 어렸을 적부터 남으로부터의 인정을 갈구하며 산 인생이었다. 누군가로부터 인정받지 못하면 나는 너무 큰 상실감에 빠졌다. 나의 존재 의미를 찾을 수 없었다. 다른 형제들은 그렇지 않은데 나는 왜 유독 그랬던 걸까? 그건 자존감의 문제인 듯하다. 칭찬을 받아서 기쁜 것도 나이고 상장을 받아서 행복한 것도 나인데, 정작 나는 스스로를 뒤에 두고 있었다. 그 결과물로 기뻐할 아버지와 선생님과 직장의 상사분들을 먼저 생각했다.

  이제는 편안해져보자. 내가 희극인도 아닌데 군이 남이 좋아할 일, 남이 웃을 일을 애써 만들 필요가 있을까? 내가 뿌듯한 일, 내가 행복한 일을 하자. 앞으로는 그렇게 내 삶을 살아볼 계획이다.

06

눈치는 잘 보는데 거절을 못 하는 이유

여러분은 MBTI 검사(Myers-Briggs Type Indicator: 심리 유형 검사)를 해본 적이 있는가? 나는 재직 시절 직무교육을 갔다가 검사해본 적이 있다. MBTI 결과는 부정하고 싶지만 내 성격을 정확하게 알려준다. 현재 나의 삶은 진짜 나의 성격이 아닌 다른 모습으로 살고 있는 것이기를. 그래서 개선한다면 원래 내 성격의 방향으로 개선해야지 하고 생각하지만 족집게처럼 정확하게 내 성격을 정의해준다. MBTI의 16가지 유형 중 내 성격은 ISFJ 유형이다. ISFJ 유형의 특징을 몇 개만 보면 이렇다.

• 눈치가 상당히 빠르기 때문에 상대의 성향과 분위기를 파악하고 그

에 맞게 행동한다

- 공감 능력이 뛰어나며 눈물도 많지만 남들 앞에서 잘 보이지는 않는다

- 상대방의 이야기를 경청하며 공감해주나 정작 본인의 깊은 고민과 이야기는 말하지 않는다

- 외유내강 성격이 많다

- 나서는 것을 좋아하지 않아 꼭 필요한 경우가 아니라면 일부러 모르는 척을 하는 경우가 많다

- 솔직하고 빈말을 못하는 편이며 친한 사이가 아닐 경우 영혼 없는 리액션이나 하얀 거짓말을 하기도 한다

- 싸움 등의 갈등 상황을 불편해하며 그런 상황을 보는 것 자체로도 스트레스를 많이 받는다

- 갈등을 표면화시키지 않고 가급적 뒤에서 조용히 해결하는 편이다

- 상대방의 입장에서 생각하고 행동하기 때문에 대부분 상대방에게 맞춰준다

- 약속을 중요하게 여긴다

- 과거 회상을 좋아하며 남들이 기억하기 힘든 세세한 추억들까지 간직하고 있는 경우가 많다. 반대로 나쁜 기억을 쉽게 잊지 못한다

검사 결과지에는 50~60개 정도 ISFJ 유형의 특징이 적혀 있다. 어떻

게 그럴 수 있는지 하나같이 다 내 성격과 일치한다. 나는 원래의 내 성격대로 살고 있는 것이었다. 결론은, 바꾸기가 쉽지 않다는 것! 이런 나를 부정하고 다르게 산다면 그야말로 피에로의 삶을 사는 꼴이 된다. 나는 평소에 눈치도 빠른 편이고 상황 파악도 잘하는 편이다. 그래서 이 일이 나에게 좋은 일인지 안 좋은 일인지, 보탬이 되는지 안 되는 일인지 등에 대한 판단도 빠르다. 그럼에도 불구하고 하등 보탬이 안 되는 일도 거절하지 못하고 우물쭈물하는 이유를 알 것 같았다.

누가 봐도 뺀질대고 일 안 하는 직원이 있었다. 저렇게 일하기 싫으면 뭐 하러 직장에 다니나 싶을 정도로 일하는 걸 아주 싫어하는 사람이었다. 머릿속에는 온통 놀 궁리만 가득 들어있는 듯 보였다. 퇴근 후 술 한 잔 한다는 소식이 들리면 찰떡같이 들러붙었다. 그렇다고 매너가 좋다거나 기분 좋게 잘 노는 호방한 스타일도 아니어서 같이 있는 걸 좋아하는 사람이 많지 않았다. 그야말로 외톨이였다. 그런 그에게 발등에 불이 떨어졌다. 부서장이 시킨 일의 마감 시한이 하루 앞으로 다가온 것이다.

그러나 일도 하지 않고 대충대충 얼버무리던 사람이 갑자기 일을 하려니 잘될 리가 없었다. 일하기 위한 기본적인 문서 작성 시스템도 익숙하지 않았다. 그에게 떨어진 과제는 설문조사 결과를 분석하여 보고하라는 것이었다. 보고는 부서장 단독 보고가 아닌 부서 회의 시 프레젠테이션 형식으로 해야 하는 것이었다.

그날은 이상하게 촐싹대는 그의 움직임이 감지되지 않았다. 제발 어딘가에 가서 오지 않았으면 싶을 만큼 어수선한 그가 그날은 너무도 잠잠한 게 주위 사람마저 불안하게 느껴질 정도였다. 그렇게 오전이 가고 오후도 중반이 다 되었다. 알고 보니 다음 날 있을 프레젠테이션 때문에 전전긍긍하고 있었던 것이다. 다들 쌤통이라며 한번 당해보라고 오히려 재미있어하고 있었다. 그런 그가 나에게 다가오더니 도와달라는 것이다. 내가? 평소에 나랑 친하지도 않은 당신을? 옆의 직원들은 모두 도리질했다. 하지 말라는 것이었다. 더구나 나는 그날 저녁은 일찍 퇴근해서 언니 집에 있는 아이를 보러 가기로 되어 있었다. 이제 두어 시간 후면 퇴근인데 지금 와서 언니한테 뭐라고 해야 할지…, 아이한테도 미안한데….

하지만 그때부터 내 머릿속이 복잡해지기 시작했다. 내일 이 직원이 부서 회의 때 발표를 제대로 못 할 경우 불같은 우리 부서장이 얼마나 호통을 칠지 눈에 선했기 때문이다. 이 직원 하나 때문에 부서원 전체가 얼마나 시달릴지 불 보듯 훤했다. 부서장은 한번 화가 나면 닥치는 대로 화풀이를 해대는 사람이었다. 그래서 우리도 보고를 할 때면 부서장 눈치부터 살피고 기분이 좋아 보이는 때 우루루 달려가 결재를 받곤 했다. 이 우매하고 멍청한 직원을 어찌해야 한단 말인가?

나는 결국 언니에게 전화를 걸어 야근을 해야 할 것 같다고 말하고 말았다. 언니는 일이 중요하니 그렇게 하라고 말했지만 마음이 영 불편했다. 그래도 어쩔 것인가! 나한테 부탁한 이상 그냥 거절할 수만은 없으니 말이다.

　같이 일을 시작해보니 그는 일의 ABC도 모르는 사람이었다. 설문지 분석을 어떻게 해야 하는지 아무런 생각이 없었다. 무턱대고 파워포인트 화면을 열어놓고 나한테 내용을 불러달라고 했다. 알고는 있었지만 이 정도였다고? 기가 막혔다. 설문 데이터를 분석해야 할 것 아닌가? 그래야 뭐가 어떻다고 쓸 것이 아니냔 말이다. 그것조차도 생각을 못 하고 있었다. 설문지를 한 장 한 장 넘겨 가며 엑셀에 데이터를 입력하고 그래프와 도표 등을 이용해 분석을 했다. 내가 그래프를 손보고 도표를 새로 그리고 하는 동안 그 사람은 하품을 연신 해대고 있었다. 이 사람이 뭐하나 하는 얼굴이었다. 몇 시간에 걸쳐 데이터를 분석하고 이제 내용을 정리해 발표 자료를 만들어야 했다. 하룻밤 작업치고는 상당히 많은 분량이었다. 파워포인트 화면을 열어놓고 기다리고 있었기에 그가 PPT는 잘 다루는 줄 알았다. 그러나 그에게 PPT는 한글 프로그램의 컬러풀한 시스템에 불과했다. 오로지 그냥 타이핑만 할 줄 알았다. 작업은 거의 내 손에 의해 이루어졌고 다음 날 보고는 꾸지람을 듣지 않는 선에서 끝낼 수 있었다.

　다음 날 퇴근하고 언니 집에 아이를 데리러 갔다. 언니와는 같은 단지 내 앞뒤 동에 살고 있었기 때문에 아이를 데려오고 데려가는 게 수월했다. 아이는 엄마 왜 어제 안 왔냐며 응석을 부렸다. 자기가 글씨를 썼는데 어제 왜 보러오지 않았느냐고 서운해했다. 이렇게 미안할 수가. 그 직원이 나한테 뭐가 그리 중요해서 나의 소중한 아이를 기다리게 했을까? 사실 언니도 이해하기 힘들었을 것이다. 엎어지면 코 닿을 곳, 아니 너무 가까워서 턱이 닿을 수도 있겠다. 그렇게 가까운 거리에 아이를 맡겨 놓고도 나는 거의 금요일 저녁이 되어서야 아이를 보러 가곤 했다. 아이도 으레 주말에만 엄마 아빠랑 우리 집에서 같이 자는 것이라고 생각했다.

분명히 나는 그 직원보다 나의 아이가 더 소중하다. 판단력 빠르고 정확한 내가 왜 그런 틀린 선택을 한 걸까? 그런 나의 심리 상태를 MBTI 결과물이 설명해주고 있었다. 첫 번째 이유는 '상대방의 입장에서 생각하고 행동하기 때문에 대부분 상대방에게 맞춰준다'라는 성격 때문이다. 그 직원이 곱지만은 않았지만 얼마나 절박한 상황이었을지 이해가 되었다. 다들 도와주지 말라는 분위기에서 얼마나 초조했을지 그 마음이 헤아려져서였다. 두 번째 이유는 '싸움 등의 갈등 상황을 불편해하며 그런 상황을 보는 것 자체로도 스트레스를 많이 받는다'였다. 그랬다. 나는 그 직원 때문에 우리 부서 전체가 쑥대밭이 되는 게 걱정되었다. 그 살얼음판 같은 분위기가 나는 정말 싫었다. 내가 도와준다면 그런 상황이 발생되지 않을 것 같았기에 그런 행동을 한 것이다.

결국 손해를 감당해야 하는 건 나 자신이었다. 언니에게 미안해야 했고 아이에게는 더더욱 미안해야 했다. 다음에 이런 상황이 또 발생한다면 나는 어떤 선택을 하게 될까? 나에게 아무런 도움이 되지 않는 그런 요청을 과감히 거절할 수 있을까? ISFJ 유형의 성격인 내가?

07

주변 사람들을 위한 일이 나를 위한 일일까?

이상하게 구석구석 청소하게 되는 날이 있다. 그 공간을 청소해야지 작정한 건 아니지만 나도 모르게 땀을 뻘뻘 흘리며 청소하고 있는 나를 발견하게 되는 날 말이다. '삘 받아서'라고 표현하는 게 제일 정확한 표현이 될 것 같다.

며칠 전에도 나는 괜히 '삘 받아서' 서재를 뒤집어엎고 있었다. 여간해서 서재는 손이 잘 안 가는 공간이다. 책도 워낙에 많은데다 무거워서 감히 혼자 청소할 엄두를 내지 못한다. 날도 더운데 또 왜 그랬을까?

도서관에서 서가를 정리하듯 도서 분류 코드를 아는 것은 아니었지만 나는 나 나름의 분류 기준이 있다. 우선 전문 서적인지 비전문 서적인지를 구분한다. 그리고 그 분류 내에서 장르를 구분한다. 그리고 그 장르 내에서 책의 모양이나 크기를 비슷한 유형으로 나눈다. 그렇게 정리하면 내가 찾는 책이 어느 위치에 있는지 대충 감 잡을 수가 있다. 적어도 원하는 책을 찾기 위해 서가를 처음부터 끝까지 훑어보아야 하는 번거로움은 사라진다. 책의 모양이나 크기를 분류 기준으로 둔 것은 나의 성격 탓이다. 책을 꽂았을 때 질서정연함이 느껴지지 않으면 나는 그게 영 거슬렸다. 깔끔한 모습, 깨끗한 모습이 연출되어야 마음이 흡족해졌다. 간혹은 그 모습을 연출하기 위해 분류 기준이 살짝 무너지는 때도 있었다. 그래도 나는 예쁘고 가지런함이 먼저였다.

그러나 책이 차츰차츰 많아지기 시작하면서 그 분류 기준들도 무용지물이 되고 말았다. 꽂을 공간이 없으니 어차피 어딘가에 차곡차곡 쌓아야 하는 상황. 그러다 보니 책들이 뒤섞이는 복잡한 일이 발생했다.

서재를 청소하면서 과거의 나를 만나게 되었다. 경기도경제과학진흥원을 그만두던 당시 우리 부서의 막둥이 직원이 커다란 종이를 들고 다니며 전 직원으로부터 떠나는 나에게 해주는 인사말을 받았다. 일명 롤링페이퍼이다. 요즘은 롤링페이퍼를 잘 하지 않을 뿐더러 한다고 해도 온라인으로 진행한다. 그러나 2006년 당시에는 커다란 대자보 종이를 들고 다니면서 발품을 팔아야만 했다. 몇 장의 롤링페이퍼를 보다 순간 울컥해졌다. 어떤 직원은 자신의 손바닥을 종이에 대고 윤곽선을 그린 다음 '선배님! 힘들 땐 제 손을 잡으세요.'라고 적기도 했고, 어떤 직원은 발바닥을 대고 그린 다음 '너의 마음에 발 도장 찍었다.'라고 쓰기도 했다. 그리고 대부분은 '미소 천사님이 떠나신다니 아쉬워요', '4층이 어두워지겠네. 미애 씨 환한 미소가 없어서', '항상 예쁜 미소로 맞아주셔서 감사했습니다'라는 나의 미소가 그리워질 것이라는 인사말이었다.

사실 나는 진흥원에 근무할 당시 항상 웃을 수 있을 만큼 마음의 여유가 있지 않았다. 우선 몸이 너무 안 좋았다. 입사할 당시 장유착으로 병원에 입원하기 시작하면서 진흥원 근무 당시에는 두 달이 멀다 하고 응급실에 실려가야 했다. 위염이었다가 심해져서 위궤양이 되기도 했고 위가 안 좋으니 장까지 안 좋아지는 악순환의 연속이었다.

신기하게도 낮에 사무실에서 근무할 때는 기를 쓰고 참으면 고통이 참아졌다. 그러다 퇴근해서 집에 오면 도저히 통증을 참아낼 수 없었다. 그럼 남편은 나를 데리고 응급실로 달려가야 했다. 그가 오전 조퇴를 하거나 휴가를 내는 날은 대부분 내가 응급실에 실려 가는 다음 날이었다.

그런 내가 미소 천사였다니! 더구나 진흥원에서 나는 여직원들 사이에 왕따를 당하고 있었다. 윗분들이나 남직원들로부터는 상당히 좋은 평을 받고 있었으나 여직원들하고는 가까워지기가 쉽지 않았다.

첫 번째 이유는 말단이던 내가 과장급 여직원과 대대적으로 한 판 붙어버린 사건 때문이었다. 사람은 누구나 아킬레스건이 있다. 나의 아킬레스건은 학벌이었다. 내가 회계 업무를 하고 있던 당시 그 여직원이 올리는 서류에 계속 오류가 있는 것이다. 몇 번에 걸쳐 정정해주기를 요구했고 급기야 그 여직원이 화가 나 나에게 소리를 지른 것이다. 그런 일은 종종 발생하였기에 대부분 그냥 넘어갔지만, 내가 못 참은 포인트는 그 여직원이 나의 학벌을 무시하는 언사를 했다는 것이다. 그런 뉘앙스의 힐난이 들려오자 나의 인내력은 폭발하고 말았다. 많은 직원이 보는 앞에서 우리 둘은 큰소리로 다투었고 결국 본부장실에 끌려가는 사단이 났다. 총애를 받고 있다는 소리가 내 귀에까지 들려오는 상황에서 그 여직원과의 다툼은 '이쁨 좀 받는다고 싸가지가 없다. 기고 만장이다'라는 이미지로 각인되었다. 그렇게 1차 미운털이 박혔다.

두 번째 이유는 그들과 좋아하는 성향의 차이 때문이었다. 지금도 그렇지만 나는 명품에 큰 관심이 없다. 물론 선물을 받는다거나 하면 좋지만 내가 애써 돈을 모아 명품을 구입할 만큼의 필요성을 느끼지 못했다. 여직원들은 모이면 어느 브랜드 립스틱이 좋고 이번 어느 브랜드에서 어떤 한정 상품이 나왔고 등의 이야기를 주고받았다. 나는 통 알아들을 수 없는 이야기였다. 그들과의 대화가 재미없었다. 그렇게 자연스럽게 남직원들과 자주 어울리게 되었다.

더구나 여직원들은 구내식당에서 밥 먹는 걸 싫어했다. 밖으로 나가 떡볶이를 먹고 김밥을 먹고 간간이 피자나 파스타 등을 먹는 것을 좋아했다. 그러나 나는 위궤양이 자주 생겼고 장이 꼬이는 통에 언제나 자극적이지 않은 음식으로 소식을 해야만 했다. 그러니 그들과의 어울림은 더 뜸해질 수밖에 없었다. 한 무리에 낄 수 없는 상황은 나를 많이 외롭게 했다. 남자 동료들과 사사로운 감정을 교류하는 데는 한계가 있었다.

그랬던 내가 어떻게 사람들에게 웃어줄 수 있었을까? 아마도 학습되어진 효과가 아닐까 싶다. 나는 평소에 딱딱한 느낌이다, 차가워 보인다, 도도해 보인다는 말을 많이 들었다. 직장생활에 아무런 도움이 되지 않는 말들이었다. 그런 걸 알고 있었기에 거울을 보며 미소짓는 연습을 많이 했다. 딱딱한 사람이 웃는 것마저 안 하면 얼마나 거부감 느껴질까 싶었다.

하지만 그게 나에게 도움이 되는 일이었을까? 일부 내가 좋게 평가 받는데 영향을 미쳤을지는 모르겠다. 그러나 그런 행동은 더욱더 나를 우울하고 비참하게 만들기만 할 뿐이었다. 이런 일도 있었다. 점심시간이 되어 밥을 먹으러 가는데 한 남자 동료 왈,

"점심 먹으러 안 나갔어? 오늘 여직원 모임이라며."
"…… 맛있게들 먹고 오라고 해."

아무렇지 않은 듯 맞받아쳤지만 너무 큰 외로움과 슬픔이 밀려왔다. 그런 중에도 나는 사람들에게 아무 일 없었던 척, 마냥 행복한 척 웃음으로 포장을 했던 것이다. 그렇게 생활을 하다 보니 누구 하나 '힘들지?'라며 위로해주는 사람도 없었다. 겉은 멀쩡하고 속으로만 뭉그러지는 생활의 연속이었다. 하지만 사무실에서는 내 감정 따위는 드러내면 안 된다는 생각이 있었다. 내 감정 때문에 업무에 지장을 초래하면 안 된다고 생각했다. 그건 다른 사람들에게 피해가 되는 행동이라고 생각했다. 우는 애기 젖 준다는데, 내가 울지를 않으니 알면서도 그냥 넘어간 건지, 정말 몰랐던 건지 무리에서 떨어져 나온 삶은 많이 힘들었다. 하지만 꼬리가 길면 밟힌다고 나중에는 일부 남직원들이 나서서 감싸주었다. 그나마 위안이 되었다.

나의 의식 구조는 도대체 어디까지 남을 의식하고 있는 걸까? 내가 이렇게 힘든 상황인데 나의 행동이 남에게 피해가 될까 봐 전전긍긍하는

게 제대로 된 행동일까? 나의 삶을 사는 것이고 그럼 주인공은 나인데 왜 남을 고려하느라고 정작 나를 봐주지 않는 것일까? 제발 이제 나도 벗어나고 싶다. 아픈 나보다 우선하여 남에게 피해를 주지 않으려는 사고를 이제 뜯어고치고 싶다.

A HAPPY INDIVIDUALIST

2 장

조금
달라도,
실수해도,
부족해도
그냥
지나가자

01

특별한 것과 소중한 것은 다르다

2019년 10월. 남편과 말레이시아 코타키나발루로 결혼 기념 여행을 떠났다. 신혼여행 이후로 둘이서 해외에 나가본 적이 없는 듯하다. 아이가 있을 때는 많은 추억 쌓기 활동을 해야 한다. 새로운 것을 보여주고 멋진 곳에 데려가고, 또 돌아가서 오래 기억될 사진을 찍고. 그때와 달리 남편과 둘만의 여행은 참으로 호젓했다.

햇빛 알러지가 있는 나는 더운 동남아 여행이 자유롭지 못하다. 그런 까닭에 우린 호텔 안에서 나름의 즐거움을 찾으며 시간을 보냈다. 강렬한 햇빛이 내리쬘 때는 썬 베드를 끌어다놓고 그늘에 누워 시원한 음료를 마시며 책을 읽었다. 그리고 해 설핏 저녁이 되면 호텔 야외 풀장에서 바다로 떨어지는 해를 바라보며 시원하게 물놀이를 즐겼다. 밤에는 칵테일 바나 와인 숍 또는 동남아의 열기가 후끈 느껴지는 펍에서 멋진 시간을 보내고 있었다.

여행 3일 차쯤 되었을 때이다. 가족 대화방에 엄마가 병원에 입원하셨다는 소식이 떴다. 다들 분주해보였다. 갑자기 여행의 호젓함과 낭만이 싹 달아나는 기분이었다. 언니에게로 동생에게로 연락을 해보니 다행히 위급 상황은 아니라며 걱정하지 말고 여행 마무리 잘하고 오라고 했다. 그래도 어딘가 마음이 묵직하고 이전의 3일과 똑같은 마음으로 여행을 하는 데는 무리가 있었다.

여행에서 돌아오자마자 엄마가 계신 병원으로 달려갔다. 한 손에 붕대를 동여매고 계셨다. 이름도 독특한 '봉와직염'이라고 한다. 우리 5남매는 엄마가 아프시면 초비상 사태로 인식한다. 당뇨를 오래 앓아오신 탓에 심하지 않은 질병도 이겨내기 어렵기 때문이다. 더구나 체중이 40kg도 안 되는 허약 체질이라 진통제 부작용부터 약물 부작용이 심해 남들은 아무렇지도 않게 치료 받을 수 있는 것을 엄마는 위험하다는 이야기가 나올 만큼 힘들게 치료를 하셔야만 했다. 그러니 우리는 엄마가 입원하셔야 할 정도가 되면 다들 긴장을 하는 것이다. 2주 정도 병원 치료 후 우리 집으로 모셔왔다.

퇴원 후에도 한 달 가까이 통원 치료를 받으셨다. 그럼에도 불구하고 나는 마음이 좋았다. 고등학교 졸업 이후 이렇게 오랜 시간을 엄마와 같이 있어본 적이 없다. 온 가족들에게 나는 항상 바쁜 사람이었고 가족들 모임에도 종종 빠지는 경우가 있었다. 직장생활을 하면서 5일 이상 휴가를 내본 적은 거의 없었다. 그런 생활을 하다 보니 엄마와도 긴 시간을 함께 보낼 기회는 없었다.

해보고 싶은 게 너무 많았다. 엄마를 모시고 좋은 곳에도 가고 싶었고, 맛집에도 모시고 가서 맛난 걸 드시게 해드리고 싶었다. 아…, 그러나 엄마는 육류를 못 드신다. 오랜 당뇨 때문인지 간에서 동물성 지방 분해를 못 했고 그래서 육류를 드시면 급성 두드러기로 응급 상황이 발생하기도 했다. 그러나 간혹은 삼계탕이나 닭죽 같은 걸 드시기도 했다. 조금씩 드시는 건 무리 없이 소화를 잘하시는 것 같았다. 내 생각에는 심리적 요인도 작용하고 있는 것 같았다. 티 나지 않게 조금씩 조금씩 엄마가 드실 수 있게 고기 요리를 하기 시작했다. 처음에는 육수부터 시작했다. 김치찌개를 끓여도 꼭 고기 육수를 사용했고, 엄마 밥숟가락에 반찬을 얹어 드리면서 은근슬쩍 간 고기를 끼워넣었다. 그렇게 서서히 육류에 대한 부작용을 없애 갔다. 육류에 대한 엄마의 선입견이나 신체의 부작용을 완화하여 종종 외식도 하러 나가고 나의 일상은 즐거웠다. 다른 형제들도 내가 퇴직하고 집에 있으면서 엄마를 보필하니 마음이 편안해보였

다. 그렇지 않았으면 엄마의 건강이 완전히 회복되기도 전에 시골에 가
셔야 하는 상황이 발생할 수도 있었기 때문이다. 엄마와 나의 특별한 일
상은 그렇게 한동안 유지되었다.

시골에서 평생을 사신 분들이 대부분 그렇지만 엄마는 도시 생활에
적응을 못 하셨다. 1층 현관 비밀번호 누르는 것부터 집 앞 현관 비밀번
호 누르는 것도 영 불편해하셨다. 밖에 나가서 산책이라도 하시라며 등
을 떠밀어도 금방 들어오시곤 했다. 그리고는 우리에 갇힌 야생동물 마
냥 베란다 창문에 매달려 하루 종일 지나다니는 차 구경 사람 구경만 하
셨다. 그렇지 않으면 내리 주무셨다. 내가 나름 정성을 다해 삼시 세끼를
챙겨드렸고, 우리 집에 계시는 동안이라도 예쁜 할머니로 지내시라고 옷
도 다시 사입혀 드렸다. 모시고 있는 길에 치과 치료도 다시 하고 안과에
도 가고 귀가 불편하시다기에 이비인후과에도 모시고 다녔다. 엄마한테
해드릴 수 있는 건 다 해드리고 싶었다. 그러나 엄마한테는 이 특별한 생
활이 불편하기만 하신 것 같았다. 병원에도 갈 때마다 짜증을 내셨고 시
골에 가서도 할 수 있다며 자꾸 시골 당신 집으로 가시겠다는 말씀을 반
복하셨다.

이해할 수가 없었다. 내가 며느리도 아니고 딸인데 도대체 뭐가 그리
불편하신 걸까? 남편도 워낙에 살가운 성격이라 엄마와 매끄러운 관계
였다. 엄마도 항상 자상한 김서방이라며 사위를 좋아하셨다. 그러나 시

골에 가시고 싶은 마음과 그런 것과는 아무런 관계가 없었다. 어쩔 수 없이 보내드려야 했다.

시골집에 가신 엄마는 활기를 되찾으셨다. 그야말로 그물에서 풀려난 물고기였다. 집 안 구석구석을 둘러보셨고 텃밭에도 나가 오빠가 뭘 심어놓았는지 다 확인하셨다. 잠시도 앉아 있지를 못하고 고삐 풀린 망아지처럼 사방을 돌아다니셨다. 살며시 웃음이 났다. 저렇게 좋으실까? '그래, 더 자주 찾아뵙지 뭐. 감옥에 있다 풀려난 기분이신가 보네.' 하며 엄마와 함께 지내고 싶은 마음을 접었다.

원래 엄마가 계셨던 곳으로 돌아가 활기를 되찾고 편안해하시는 것을 보며 특별한 것이 좋은 것만은 아님을 느꼈다. 엄마도 나와 지내는 일상이 신체적으로는 편안하셨을 것이다. 그리고 가까이 딸 셋이 다 있다 보니 수시로 엄마를 보러 왔고 손자 손녀들도 자주 드나들었다. 즐거우셨을 것이다. 그러나 그건 엄마한테 일상이 아니라 특별한 생활이었던 것이다. 엄마에게 소중한 건 엄마의 편안한 일상이었다. 아침에 일어나면 시원한 시골 바람이 불어오고 대문 밖에 나와 눈을 돌리면 논밭이 보이는 평온한 일상이 소중하셨던 것이다. 김치 하나 놓고 소소하게 먹는 밥상이라도 당신 손으로 차려 먹고 당신 손으로 치우며 마당에 나와 풀도 뽑고 텃밭을 가꾸는 게 훨씬 행복하고 소중한 일상이었으리라. 소중한 것을 제껴 두고 아무리 특별한 생활을 한다 해도 그건 진정한 행복이 될 수 없었던 것이리라.

그러나 이 사회는 평범한 삶을 사는 사람이 아닌 특별한 사람을 원했다. 운동선수만 해도 그렇다. 여타의 잘하는 선수가 아니라 특별하고 비범한 1등만이 살아남았다. 나도 항상 그랬던 것 같다. 아무 특별할 것 없는 내가 남들과 차별화되는 특별한 사람이 되고자 했으니 얼마나 힘들었을까?

나는 내가 특별하지 않다는 걸 초등학교 6학년 때 느끼기 시작했다. 학교에서 IQ 검사를 했다. IQ 검사라는 말조차 처음 들었지만 시험지 같은 것을 나눠주고 제한 시간 내에 풀라고 했다. 교과서에서 배운 내용도 아니고 이상한 문제들을 열심히 풀어서 제출했다. 한참 뒤 선생님께서 IQ 검사 결과가 나왔다며 알려주셨다. 그리고는 두어 명의 머리를 쥐어박으며 "머리도 좋은 녀석이 공부를 왜 이렇게 안 해." 하셨다.

아직도 그 친구들의 IQ 점수가 생각난다. 한 친구는 134였고 한 친구는 145였다. 내 IQ는 105였다. 뭐든 선생님께서 말씀하시는 건 잘 기억했고 잘 따라 했고 스스로는 나름 특별한 아이라고 생각했기에 IQ 결과는 나를 당황스럽게 했다. 저 아이들보다 내 머리가 더 나쁘다고? 이렇게 하나씩 하나씩 특별하다고 느꼈던 나의 존재감을 내려놓기 시작했다.

특별함을 좇아가는 일은 참 고단하다. 드라마 〈미생〉에 나왔던 말이 생각난다.

"아무리 빨리 이 새벽을 맞아도 어김없이 길에는 사람들이 있었다. 남들이 아직 꿈속을 헤맬 거라 생각했지만 언제나 그랬듯 세상은 나보다 빠르다."

그랬다. 내가 그 누구보다 열심히 했으니 남다른 결과가 나오겠지 했지만 세상은 언제나 나보다 빨랐다. 더 특별한 사람 더 비범한 사람이 항상 있었다. 그런 것을 알고 있으면서도 어떻게든 특별해져 보겠다고 나는 나의 소중한 것들을 지나치고 있었다. 바로 소중한 내 일상들을 말이다. 이번에도 인생 대선배 엄마를 통해서 큰 울림을 받는다. 소소한 일상이 얼마나 소중한지, 그게 나에게 얼마나 큰 행복을 가져다주는지.

02

주눅 들 만큼의 겸손은 필요하지 않다

엄마는 올해 83세의 할머니이다. 내 어릴 적 기억 속에 엄마는 자주 아프셨고 그럴 때마다 집안 분위기는 한없이 우울했다. 다들 아픈 것처럼 맥이 없었고 집 안에 활기가 사라지는 느낌이었다. 제발 엄마가 아프지 않게 해달라고 섬기는 대상도 없으면서 이름 모를 신에게 기도한 적도 많았다.

나의 작은오빠는 엄마 집에서 멀지 않은 곳에 산다. 그러다 보니 직장에 다니면서 엄마 집 근처의 논과 밭을 일구는 일까지 병행하게 되었다. 엄마는 연세도 많으신데다 체력도 약하셔서 농사일은 무리였기 때문이다. 작은오빠가 너무 힘들 것 같아 농사일의 중간중간 큰 이벤트가 있을 때마다 우리 5남매는 날짜를 맞춰 가능하면 함께 참여하려고 했다.

가령 못자리를 한다든가, 모내기나 추수를 한다든가, 감자/고구마를 캔다든가 할 때가 그 큰 이벤트다. 우리는 다 같이 모여서 큰일을 함께했고 가능하면 그 자리에서 모든 수확물의 처분까지 해결하고자 했다. 감자/고구마는 각자의 지인에게 선물하기 위해 자기가 필요한 만큼의 금액을 엄마에게 드렸다. 쌀은 우리 가족이 먹을 만큼만 남기고 추곡수매로 농협에 일괄 판매했다. 다른 수확물들은 우리가 먹으면서 팔게 되면 조금씩 파는 형태였다. 남은 곡식 중 나는 들깨 판매를 자진했다. 엄마가 햇들깨로 기름을 짜주시면 그렇게 향이 좋을 수가 없다. 어디서도 맡아보지 못한 신선함 가득 담긴 기름 향이 났다. 그래서 나는 들깨 값을 한꺼번에 드리고 집에 있는 모든 들깨로 기름을 짰다.

시골에서 짜온 기름은 우리 집에 와서 선물이 되기 위한 좀 더 꼼꼼한 절차를 거쳤다. 작고 예쁜 기름병을 사고 병에 맞는 마개를 사고 병에 붙일 레이블도 사고 마지막으로 기름병이 들어갈 작은 선물용 쇼핑백을 샀다. 커다란 생수병에 들어있는 기름은 그렇게 소분되어 예쁘고 완벽한 선물 형태로 탈바꿈했다. 이 정도 정성을 쏟고 나면 누가 봐도 백화점에서 산 선물 못지않은 고급진 모양의 들기름 선물이 되었다. 선물을 받는 사람마다 감탄을 했고 한 번 기름 맛을 보고 나면 연거푸 고맙다는 인사를 전해오곤 했다. 많은 양은 남편의 지인들에게 선물되어졌고 몇 개 정도는 가까운 나의 지인들에게 선물했다.

그런데 나는 왜 지인들로부터 선물에 대한 감사 인사가 올 때마다 살짝 낯부끄러워지는 것일까? 선물이 너무 예뻐서 먹기 아깝다고 했고 기름도 이렇게 신선한 맛은 처음이라며 뭐 필요한 게 있으면 얘기하라고 했다. 보답을 해야겠다며. 어떤 경우는 밥을 사겠다고 직접 찾아오기도 했다. 그럴 때마다 나는 별것 아니라고 맛있게 드시고 좋아하시면 그게 나의 기쁨이라고 답변했다. 감사 인사를 받는 순간이 영 어색하고 부끄러웠다. 당당하게 진짜 좋은 거라고, 시골에서 우리 오빠가 직접 농사지은 걸 내가 짜온 거라고 그렇게 말하지 못하고 정말 별것 아닌 것처럼 말해버리곤 했다. 그렇게 해서 선물 받은 사람이 마음의 부담을 덜 느끼도록 했다.

막상 내 입으로는 그렇게 말했지만, 정작 누군가 그렇게 생각하거나 말했다면 나는 엄청 기분이 상했을 것이다. 가치를 모르는 사람이라고 혼자 욕을 해댔을 것이다. 그럴 거면서, 그렇게 소중한 것이면서 왜 상대방에게 말할 때는 아무것도 아니라고 말해버리는 것일까? 잠깐의 쑥스러움을 참지 못해 그토록 귀중한 선물을 아무것도 아닌 걸로 만들어놓고 나는 후회했다. 애써 농사지어 이렇게 좋은 결과물을 만들어준 오빠에게까지 미안한 마음이 들었다. 내가 별것 아니라고 말해 버린 순간 1년간의 오빠의 노력이 아무것도 아닌 게 되어 버린 것 같아 너무도 미안했다. 이렇게 말할 걸 후회된다.

"맘에 드셨어요? 그러셨다니 기쁘네요. 선물 드린 보람이 있어요. 사실 그거 우리 오빠가 직접 농사지은 깨로 제가 시골 가서 짜온 거예요. 요즘 중국산 깨도 많고 기름도 섞어 팔고 한다는데 진짜 100% 국산이니까 마음 놓고 드세요. 어디 가서도 그런 기름 만나기 쉽지 않으실 거예요."

이렇게 사실대로만 말하면 될 일이었다. 오빠가 농사지었고 내가 직접 짜왔고 당신이 맘에 든다니 나도 기쁘다고. 그런데 나한테는 그렇게 표현하는 일이 공치사처럼 느껴지고 선물에 대해 고마워하라는 무언의 압력같이 느껴져서 말하기가 너무 불편했다. 그 불편함 때문에 오빠의 노고도, 나의 정성도 아무것도 아닌 것이 되어버린 것이다.

이런 일도 종종 일어난다. 상대방이 느낄 부담을 덜어주기 위해 선물의 가치를 낮춰버린 것처럼 이번에는 상대방을 좀 더 높여주고자 나를 더 낮춰버리는 것이다. 나의 가치를 바닥으로 내동댕이쳐 그 사람이 더더욱 돋보이게 만들어주는 경우이다. 이런 식의 표현이다.

"친구야, 너 진짜 대단하다. 어떻게 애들한테 화도 안 내고 차분하게 설명을 잘하니? 아이들이 다 네 말을 알아듣는 것 같던데? 나 같았으면 언성 높이고 애는 벌써 울었다."

너는 가능하지만 나는 불가능하다는 형식으로 표현을 해줌으로써 그 친구가 더욱 돋보이게 했다. 하지만 나라고 늘 아이랑 다투기만 하겠는가? 강약 조절을 해가며 어떤 경우는 언성을 높이기도 하고 때에 따라서는 잔잔하게 서로 대화를 하기도 한다. 내가 항상 아이를 윽박지르기만 하는 그렇게 저급한 인간은 아니다. 나도 때로는 다른 엄마들한테 대단하다며 아이를 정말 신뢰해주면서 잘 타이른다고 한 수 배워야겠다는 말을 듣기도 한다. 나도 꽤 괜찮은 엄마이면서 그 상황에서는 무엇을 위해 그렇게 나 자신을 내동댕이쳐버렸는지 화가 나기도 한다. 하지만 이렇게 후회할 때는 이미 나 자신이 밑바닥으로 던져진 후이다.

이런 어이없는 대응을 하는 나 자신을 발견하기도 한다. 인터넷 쇼핑몰에서 작은 숄더백을 하나 샀다. 여름에 들고 다니기에 예쁠 것 같아 구매했다. 가격도 저렴하고 가격에 비해 구성이며 디자인도 만족스러웠다.

구매한 첫날 사무실에 들고 갔는데 이를 알아본 후배 여직원이 호들갑스럽게 말을 건넸다.

"선배님, 백 사셨어요? 완전 이쁘다. 그거 샤넬 백이죠? 그 디자인 올해 새로 런칭된 거라 들고 다니는 사람 처음 봤어요."

"아이구 아니야. 샤넬은 무슨. 그냥 인터넷 몰에서 산 거야. 싸구려야 싸구려."

뭐하러 그렇게 깎아내렸는지 모르겠다. 어린 그 직원이 보기에 나 정도의 연봉이면 명품백 하나 정도는 맘만 먹으면 구입할 수 있다고 비쳐졌을지도 모른다. 괜한 사탕발림이 아니라 정말 명품백인 줄 아는 눈치였다. 이렇게 말했을 수도 있었다.

"샤넬에서 이런 디자인이 나왔어? 모르고 샀는데 그렇다니 기분 좋은데?"

이 정도면 명품이 아니라는 것은 이야기한 셈이고 나를 처참하게까지 깎아내리는 우를 범하지는 않았을 것이다. 아버지의 겸손하라는 교육철학은 나의 뇌리 어디까지 영향력을 행사하시는 걸까? 내 삶에 아주 짧은 기간 머무르셨을 뿐인데 아버지의 가르침은 내 온몸에 각인되어 순간순간 나를 조종했다. 아버지를 원망하는 것은 아니다. 사람으로서 당연히 그렇게 해야 함을 가르쳐주신 것이고 그것을 삶에 적용하는 것은 어디까지나 나의 몫이니까. 만일 내가 이런 우매한 행동을 하고 있는 걸 보고 계시다면 답답함에 당신의 가슴을 치실지도 모르겠다.

　나 자신이 위축되고 주눅 들 만큼 겸손하지 않아도 괜찮다. 겸손이 미덕이라고는 하지만 지나친 겸손은 나의 가치를 심하게 깎아내리고 만다. 퍼스널 브랜드 마케팅을 하는 시대이다. 이런 시대에 살면서 자꾸만 나를 낮추어 보잘것없게 만들 이유가 무엇인가? 주눅 들어 있는 사람들에게 외치고 싶다.

　"여러분, 세상에 나만큼 소중한 사람은 없습니다. 내가 나를 존중하는 만큼 남들도 나를 귀하게 본답니다. 혼자 전전긍긍하지 말고, 우리 이제 나부터 챙겨요."

03

나를 힘들게 하는 건 늘 나 자신이다

　나에게는 '자존감 갑'인 예쁜 조카가 있다. 이 아이를 보고 있으면 마음이 즐겁고 미소가 피어오른다. 이 아이는 세상의 중심이 자신이라는 것을 본능적으로 알고 있는 듯했다. 모든 것이 당당했고 짜증스러움도 즐거움으로, 힘든 것도 웃음으로 바꿀 줄 아는 아이였다. 바로 언니의 큰딸 '지인'이다.

　지인이는 꼬마일 때부터 탁월한 부분이 많았다. 얘는 머릿속에 노인네가 들어앉아 있나 싶을 만큼 이해력도 빨랐고 상황 판단도 뛰어났다. 지인이가 유치원에 다닐 적에 크리스마스가 다가오자 유치원에서 아이 모르게 선물을 하나씩 장만해 보내라고 했다. 원장님이 산타클로스로 변장해 집으로 선물을 가지고 오겠다는 계획이었다. 평소 지인이가 갖고 싶어했던 선물을 사서 보냈고 크리스마스 이브 저녁, 빨간 옷을 입은 산타가 선물 자루를 들고 언니 집으로 찾아왔다. 쑥스러운 듯 쭈뼛거리던 아이는 선물을 받아 들고 좋아했고 우리의 계획은 성공한 듯했다. 그러고 나서 한참 후 지인이가 대학에 다닐 때였다. 조카들과 모여 이야기하며 와인을 마시고 있을 때인데 지인이가 그때의 이야기를 하는 것이었다.

"이모, 나 그때 원장 선생님인 거 다 알고 있었어요. 아무리 이상한 목소리를 낸다고 해도 그거 모르겠어요? 선물 딱 뜯어보고 엄마가 보내셨구나 단박에 알아봤어요. 세상에 산타클로스는 없다는 거 나는 유치원 때부터 이미 알고 있었어요."

그 말을 들으면서 우리는 박장대소했다. 성공이라고 생각했던 그때의 이벤트는 4살 꼬마가 어른들을 배려해주는 한편의 우스꽝스런 에피소드였던 것이다. 특별한 나의 조카 지인이는 아이들이 너무 힘들어하는 고등학교 시절에도 그 특별함을 드러냈다.

사립 고등학교에 다녔기 때문이었을까? 아니면 그때에는 다 그랬던 걸까? 아이는 매월 하루만 쉴 수 있었다. 아이들이 부르기를 '슈퍼 선데이!'

라고 했다. 매일 아침 6시 반이면 집을 나가야 했고 빨라도 밤 10시가 넘어야 집에 왔다. 그렇게 생활하면서 쉬는 날은 한 달에 한 번뿐인 것이다. 얼마나 피곤했을까? 자료에 의하면 뇌는 체중의 2%에 불과한 무게이지만 하루 에너지 소모량의 20~25%를 차지한다고 한다. 그런데 고등학교 아이들은 하루 에너지 소모를 100% 뇌 운동으로 채우고 있었다. 그런 상황에서도 지인이는 짜증을 내거나 히스테리적 증상을 보이지 않았다. 오히려 즐거워 보였다. 직장생활에 지쳐 있는 내가 부끄럽게 느껴질 정도였다.

지인이는 어렸을 적부터 통통한 체질이었고 객관적으로 가늘가늘한 바디라인은 아니었다. 아침 6시 반에 집을 나가면서도 아이스크림을 입에 물고 나갔다. 자기는 아이스크림을 입에 물고 있으면 기분이 좋아진다며 하루를 즐겁게 보내려면 꼭 먹어야 한다고 까르륵 웃었다. 학교에 가는 셔틀버스 안 아이들은 대부분 피곤한 얼굴이었으나 지인이는 아이스크림을 입에 물고 손을 흔들어 보이며 즐겁게 학교에 갔다. 셔틀버스 안에는 남학생들도 있었기에 내가 아이스크림 물고 가면 부끄럽지 않겠느냐고 물으면, 그 애한테 사달라고 한 것도 아닌데 뭐가 부끄럽냐며 오히려 한 개를 더 들고 나갔다. 와! 저 아이의 저런 밝은 에너지는 어디서 나오는 걸까? 지인이가 대학에 합격하고 나서 한 선생님은 이렇게 말했다고 한다.

"지안아, 나는 너 처음 봤을 때 9등급 아이인 줄 알았다. 다들 죽상이고 예민한데 너는 항상 밝고 즐거워 보여서 공부는 손 놓은 아이이구나 생각했지. 저러니 세상 맘 편한 것이겠거니 생각했지."

그렇게 밝고 즐거운 아이 지인이는 학원에 다니지 않고도 명문대학교에 합격했고, 러시아어 전공을 하면서도 거의 온라인 강의로 언어 공부를 했다. 혼자 힘으로 러시아에 교환학생으로 다녀오기도 했고 그러면서 북유럽 여행도 다니며 항상 모든 것이 즐겁고 당당했다.

언니네 부부는 모임이 많았다. 주말이면 대부분 모임에 나갔고 그럴 때면 언니는 나에게 아이들을 부탁했다. 같은 단지에 살고 있었으니 나는 당연하게 받아들였다. 한번은 지인이 간식통을 씻는데 고구마 껍질이 나왔다. '언니가 애한테 고구마를 싸 보냈나…… 신경 좀 써주지 겨우 고구마가 뭐야……' 하고 생각했다. 내가 다 미안했다. 주말에는 학교 급식이 없었으므로 도시락을 싸 보내야 했다. 그럼 나는 전날부터 아이의 도시락 반찬 고민을 아주 심각하게 했다. 맛있는 걸 뭘 싸줄까? 그런 나에게 지인이는,

"이모, 고민할 것 없어요. 나 그냥 고구마 싸줘도 되고 감자 싸줘도 되요. 나 원래 구황작물 좋아해. 고구마 진짜 맛있어요."

"고구마? 창피하지 않겠어? 애들은 뭐 싸갖고 오니? 지인이 뭐 먹고 싶은 거 없어?"

"뭐가 창피해요. 내가 고구마 뚜껑 열면 애들이 정신없이 달려 들어서 달라고 그래요. 할머니네 고구마가 진짜 맛있잖아요. 애들이랑 서로 나눠 먹고 같이 먹고 하면 다 똑같아요."

저 아이의 당당함은 도대체 뭐란 말인가? 다른 아이들은 얼마나 영양 가득한 도시락을 싸가지고 오겠는가? 고생하는 아이를 위해서 엄마들이 얼마나 정성스런 도시락을 준비하겠는가 말이다. 그런 생각을 하니 아이에게 달랑 고구마를 싸 보내는 건 내 자존심이 허락하지 않았다. 나는 매번 내가 할 수 있는 최대한 정성을 들여 지인이의 도시락을 싸 보냈고 등하교를 시켰다. 학교 일정을 마치고 나오는 지인이는 초등학생 같았다. 축 늘어진 다른 아이들과는 달리 데리러 간 나를 향해 생글생글 웃으면서 달려왔다.

"울 찌니 오늘 하루 힘들었지? 고생 많았어~~."

"헤~~ 나만 하나요 뭐. 다른 애들도 다 똑같이 하니까 뭐 그런가 보다 해요."

'찌니'는 나의 아들이 애기일 때 지인이를 '찌니 누나'라고 혀짧게 발음

하면서 우리 가족이 다 같이 부르는 애칭이 되었다. 자존감 갑인 지인이
는 자신의 외모에 대해서도 그렇게 당당할 수가 없었다.

　1학년 때 맞춘 교복은 2학년 3학년 햇수를 거듭할수록 작아졌다. 급기
야 교복 상의 앞섶 단추가 자꾸 튕겨져 나가는 일도 발생했다. 또 치마
훅이 벌어지고 뜯어지는 일도 생겼다. 나는 살을 좀 빼자고 다이어트를
부추겼다. 그럼 우리의 당당한 조카 지인이는 이렇게 말했다.

　"이모, 애들이 오동통 귀여운 찌니를 얼마나 좋아하는데요. 맨날 내 팔
뚝 살 만지면서 느낌 좋다고 그래요. 살 빼면 찌니의 트레이드 마크인 기
욤기욤이 사라지잖아요."

　아! 사랑스럽고 예쁜 나의 조카. 이 아이는 하늘을 찌르는 자존감 높이
기 마인드를 어떻게 터득한 것일까? 내가 보는 세상은 나의 흠결을 잡아
내기 위해 호시탐탐 노리는 것 같았다. 행여 내가 복색이라도 깔끔하지
않으면 얕잡아보는 것 같아 항상 옷차림에 신경을 썼다. 고구마, 감자는
집에서나 먹는 음식이지 남들 앞에서 자랑할 거리가 아니라고 생각했다.
그러니 간식으로 싸가는 일은 나의 자존심에 상처를 주는 행위였다. 내
가 만일 지인이었다면 아이스크림을 먹더라도 집에서 다 먹고 버스에 탈
때는 그런 건 먹지도 않은 척 내색하지 않았을 것이다.

직장생활에서도 나는 스스로 비굴함을 느낄 때가 많았다. 어려운 업무가 주어져도 나는 못 한다는 말을 결코 하지 않았다. 한번은 말조차 들어본 적 없는 새로운 업무가 나에게 떨어졌다. 정말 뭘 하라는 것인지 이해도 되지 않는 업무였다. 우선은 하겠다고 덜컥 받아 놓고 가슴에 납덩이를 얹은 듯 묵직한 마음으로 집에 왔다. 남편과 상의하니 아는 컨설턴트를 붙여줄 수 있다고 했다. 남편의 후배 중에 그 분야 전문가가 있다고 했다. 낮에는 혼자서 관련 자료를 찾아가며 공부를 했고 퇴근 후 작은 사무실을 하나 빌려 남편 후배에게 개인 컨설팅을 받아가며 겨우겨우 그 업무를 해냈다. 어찌 보면 책임감 강한 사람으로 비쳐질 수도 있을지 모르겠다.

그러나, 나 스스로는 너무 비참했다. 상사에게 그 일은 아는 게 없어 하기 힘들 것 같다고, 다른 직원 시키라고 말이라도 했으면 얼마나 좋았을까? 혹시 아는가? 내가 개인 돈 들여 컨설팅까지 받아서 한 일을 직장에서 시켜주는 교육을 받으며 처리할 수 있었을지? 모른다는 그 말을 뱉기가 싫어서 남들보다 몇 곱절은 힘들게 일을 해야만 했다. 모른다고 말하면 내가 너무 무능해 보일 것 같았다.

이렇게 나는 항상 남들이 나를 어떻게 볼까를 제일 먼저 의식했다. 남이 뭘 어떻게 보든 그게 무슨 상관이란 말인가? 당당한 나의 조카 지인이처럼 있는 그대로 보여주면 될 것을. 나는 왜 먼저 지레짐작으로 혹시나 생겨날지도 모르는 사안을 미연에 막아보고자 그 힘든 삶을 살아야만 했을까? 결국 나 스스로를 힘들게 만드는 건 그 누구도 아닌 바로 나 자신이었다.

04

가지 않은 길에 대한 두려움은 갖지 말자

누구나 무엇을 처음 시작하는 것은 두렵다. 그 두려움의 대상은 무엇일까? 바로 '실패에 대한 두려움'이다. '사지 없는 남자', '팔다리 없이 세계를 누비는 희망 전도사' 닉 부이치치는 두려움에 대해 이렇게 말하고 있다.

"두려움이 우리의 발목을 잡고 늘어지면 마음에 소원하는 목표와 이상을 이루지 못한다. 하지만 두려움은 그저 느낌일 뿐 현실이 아니다. 두려움이 우리 마음의 문을 계속 두드리고 있는 것만큼은 어김없는 사실이다. 반갑지 않은 손님은 집 안에 들이지 않으면 된다. 선택은 우리의 몫이다. 냉정히 외면하고 가던 길을 계속 가면 그만이다."

닉 부이치치는 보통 사람이 가지고 있는 신체의 반만 가지고 있다. 팔과 다리, 즉 사지가 없이 몸통과 머리만 있는 것이다. 그에게 세상의 모든 일은 도전이었을 것이다. 쉽게 얻어지는 것이 아닌 끈기와 인내를 가지고 이겨내야 하는 일인 것이다. 그에게 익숙한 일이라는 게 단 한 가지라도 있었을까? 그러나 지금 그는 세상 누구보다도 자유롭게 훨훨 날고있다. 높은 다이빙대에서 뛰어내리고, 서핑을 하고, 스케이트보드를 타고, 드럼 연주를 하고, 트위터를 통해 세계 모든 사람들과 교류하는 삶을살고 있다. 그가 말한 것처럼 두려움에 발목을 잡혔더라면 불가능한 일이었을 것이다.

처음 새로운 일을 시작할 때 공통되게 나타나는 현상은 망설임이다. 두려움에 대해 주저하는 마음의 표출이다. 넓은 개울을 건널 때, 번지점프를 할 때, 시험을 볼 때, 면접을 치를 때 우리는 두려움을 경험한다. 그러나 반갑지 않은 손님은 내 안에 들이지 않으면 그만이다. 외면하고 계속 가면 된다. 다시 일어설 수만 있다면 넘어져도 문제없지 않은가?

나의 아들은 17살에 혼자 외국으로 유학을 떠났다. 중학교를 졸업하고 고등학교에 입학해 잘 다니고 있던 아이가 갑자기 1학년 1학기 중반인 5

월 중순쯤 외국으로 나가겠다고 했다. 유학을 보내달라는 것이다. 남편과 나는 큰 고민 없이 아이의 의견을 수용했다. 어차피 삶은 도전의 연속이다. 아이의 첫 도전에 걸림돌을 굳이 만들 필요가 없다고 생각했다. 갑자기 돈은 어떻게 마련할지, 아이의 어학 수준은 어느 정도인지, 가면 생활은 어떻게 할 것인지 등 우려되는 부분이 많았다. 하지만 그건 안 되는 이유를 모색하는 것 외에 아무 의미가 없었다. 그냥 보내는 방법만 생각하면 될 일이었다. 아이가 가고 싶다고 했으니 어떻게든 보낼 궁리만 하기로 했다.

아이의 유학 대상 국가는 룩셈부르크(이하 룩셈)로 정해졌다. 교과서에서나 들어봤을 법한 이 나라를 선택한 이유는, 남편의 회사가 룩셈에 법인이 있어 현지 사정을 웬만큼 알고 있었기 때문이다. 또 아이가 공부하고 싶어 하는 IT 분야 교육 여건이 잘 맞아떨어지기도 했다. 보내는 방향으로만 생각하니 길이 나타났고 기회가 주어졌다.

남편이 현지 출장을 다니면서 비즈니스적인 도움을 주고받았던 분이 마침 업무차 한국에 와 있었다. 하루 뒤에 떠난다고 했다. 부랴부랴 미팅 일정을 잡고 비행기 타기 몇 시간 전 서울의 한 음식점에서 만남을 가졌다. 아이를 룩셈으로 유학 보내고자 하나 한국에는 룩셈으로 유학 보내는 절차를 알고 있는 유학원이 없으며, 만일 보낸다 해도 가디언과 숙소 문제가 남아 있다고 우리의 애로사항을 얘기했다. 놀랍게도 흔쾌히 본인이 가디언이 돼주겠다고 했다. 본인의 집에서 홈스테이도 할 수 있게 해주겠다고 했다. 그리고 룩셈에 돌아가면 필요한 절차를 알아보고 우리에게 피드백을 해주겠노라고 했다. 기적 같은 일이 벌어지고 있었다. 일이 일사천리로 풀리고 있었다. 그래, 두려움 따위 마음에 들이지 말고 그냥 밀고 나가자. 그럼 스쳐 지나가겠지.

후……, 유학 서류 작성부터 만만치 않았다. 룩셈은 언어 체계가 매우 복잡했다. 일상 언어는 특이하게도 불어를 쓰고 있었고 룩셈어를 쓰기도 했다. 행정적인 문서는 대부분 독일어로 되어 있었다. 영어도 울렁증 있는 내가 불어로, 독어로, 영어로 마구 날아오는 서류를 감당하기에 너무 버거웠다. 서류 준비만도 두 달 이상이 걸렸다. 서류 한 건을 보낼 때마다 공증을 받아야 하니 보통 일이 아니었다. 내가 1차 구글링(구글 번역기로 번역하는 절차)한 것으로는 잘못된 번역이 많았고 그걸 근거로 작성한 문서에도 오류가 없는지 확인을 받아야 했다. 아이의 인터뷰 준비는 먼저 유학을 준비해본 조카의 도움을 받았다.

두 달 후, 나와 남편 그리고 아이, 이렇게 우리 가족은 룩셈행 비행기를 타고 있었다. 셋 다 긴장감이 가득했다. 각자 나름의 이유로 긴장을 하고 있었다. 아이는 테스트도 받아야 하고 인터뷰도 해야 하니 걱정이 제일 많았을 것이다. 그리고 나는 학부모 영어 인터뷰 생각으로 머리가 터질 것 같았다. 남편은 만일을 대비해 한두 개 정도의 학교에 더 응시해보고자 룩셈 소재 고등학교를 찾아보았다. 그리고 관계자와 의견을 주고받으며 미팅 일정을 잡느라 머리가 복잡했다.

도착한 다음 날 한국에서 미리 모든 절차를 끝내놓은 룩셈 최고의 사립학교에서 시험을 치렀다. 아이 인터뷰, 학부모 인터뷰, 가디언 인터뷰를 각각 따로 진행했다. 그리고 학교 투어를 마치고 호텔로 돌아왔다. 셋다 탈진할 것 같은 하루였다.

그리고 다음은 공립학교에 응시해볼 계획이었다. 공립학교는 사립보다 절차가 더 복잡했다. 아이의 성적 증명서를 제출했지만 테스트는 불가피하다고 했다. 학교의 기출 문제를 먼저 풀어보며 예습을 하고 테스트를 받으러 오라고 했다. 학교 홈페이지에 들어가 수학 기출 문제를 보는 순간 우리 셋은 너무도 당황했다. 이게 수학 문제라고? 흡사 영어시험 같았다. 문제는 장황하게 긴 지문 형태로 되어 있었고 객관식은 아예찾아볼 수 없었다. 더구나 미국식 영어에 익숙한 우리는 영국식 영어를쓰고 있는 수학 문제의 해석부터 잘 되지 않았다. 또 답은 하나가 아닌여러 개가 나올 수 있으니 자신의 생각대로 쓰라고 되어 있었다. 수학 문제의 답이 여러 개가 될 수 있다고? 아이도 겁을 먹고 있었다. 나름 '수학통'인 남편도 기가 막히는 상황이었다.

더 큰 문제는 테스트 날짜가 우리의 귀국 날짜보다 뒤에 잡혔다는 것이다. 아이를 혼자 룩셈에 남겨놓고 와야 하는 상황이었다. 나도 남편도 더 이상 업무 공백을 만들 수 있는 상황이 아니었다. 혼자는 국내 여행도 안 가본 17살 아이를 우리는 멀고 먼 룩셈에 남겨놓고 돌아왔다.

그러나 그는 잘 해냈다. 사립학교 공립학교에 모두 합격한 것이다. 상상도 할 수 없는 그의 첫 도전이 멋지게 성공하는 시점이었다. 얼마나 두렵고 힘들었을지 상상이 된다. 닉 부이치치의 말처럼 두려움이 계속 마음의 문을 두드렸을 것이다. 어린아이가 감당하기에는 너무도 큰 두려움이었을 것이다. 지나서 생각해보니 더욱 멋지게 느껴진다. 앞으로도 도전을 계속할 그의 삶을 응원한다.

나도 직장을 그만두고 새롭게 도전을 하기로 했다. 나의 오랜 꿈인 작가가 되어보자고 결심했다. 글을 쓰면 내가 하고 싶었던 강연을 하는 길도 찾을 수 있을 것 같았다. 퇴직하자마자 책 쓰기에 관한 자료들을 찾아보았지만 작가가 되는 길은 묘연하게만 보였다. 그러던 중『성공해서 책을 쓰는 것이 아니라 책을 써야 성공한다』라는 책을 접하게 되었다. 운명처럼 책 제목이 마음에 꽂혔다. 제목에서도 그랬지만 저자는 평범하기 때문에, 성공한 삶을 아직 못 이루었기 때문에 책을 쓰라고 강하게 주장하고 있었다. 책을 다 읽고 나자 가슴이 두방망이질 치기 시작했다. 당장 저자 김태광(김도사) 작가를 만나야 했다. 책날개의 저자 프로필을 보니 그는 책 쓰기 코칭을 하는 〈한책협〉이라는 카페를 운영하고 있었다. 아! 내가 찾던 공간이었다.

〈한책협〉 카페에 가입하고 저자와의 1:1 컨설팅을 신청했다. 1시간 컨설팅을 받으면서 어찌나 마음이 설레었는지 모른다. 내가 원하는 길을 그는 너무도 잘알고 있었다. 나는 책을 쓰고 싶었고 내 책을 주제로 강연을 하고 싶었다. 직장생활에 지친 나와 같은 사람들과 소통하고 마음을 나누며 힘든 직장생활에 위안을 주고 싶었다. 기업이나 공공기관, 혹은 자기계발 센터 등에서 나의 생각을 전달하고 싶었다. 그는 그런 것들을 하기 위한 모든 과정을 만들어 운영하고 있었다. 이렇게 해야겠다는 뚜렷한 목표를 설정하고 앞으로 가다 보니 방법이 생겨났다.

가지 않은 길에 대한 두려움은 누구나 가지고 있다. 그러나 그 두려움을 마음에 받아들이지 않길 바란다. 목적지만 바라보고 그냥 직진해보자. 가다 보면 새로운 길이 나타난다. 오히려 새로운 것에 대한 희열과 함께 즐거움이 느껴진다. 지금 나의 첫 번째 버킷리스트는 TV방송 프로그램에 출연하는 것이다. 나는 또 이렇게 가지 않은 길을 향해 한 발자국 내디뎠다.

05

자신의 열등감을 인정하라

세상에 힘든 일도 많지만 자신의 부족함을 남들한테 인정하는 것만큼 힘든 일이 또 있을까? 나는 나 스스로 열등감 덩어리라는 것을 잘 안다. 하지만 남들에게조차 나의 이런 치부를 드러내고 인정하면서 살고 싶지는 않다.

사람이 자신의 부족함을 열등감으로 느끼는 순간은 언제일까? 나는 타인과의 비교 시점이라고 생각한다. 숲속에 나 혼자 있다고 가정해보자. 내가 풀뿌리를 캐 먹든 산 열매를 따 먹든 그건 아무런 흠결이 되지 않는다. 그러나 그런 내가 도시로 나온다면? 도시로 나와 최고급의 요리를 즐기는 사람들의 삶 속으로 던져졌다면? 그때는 엄청난 충격에 휩싸일 것이다.

나 혼자일 때는 흠결도 부족함도 느낄 수 없는 삶이었다. 그러나 막상 그들이 먹는 음식을 먹어보면 내가 먹었던 것들은 거의 야생동물의 먹이 수준이었다고 느끼게 될 것이다. 사람은 그때부터 주변의 다른 사람과 같지 않은 나 자신으로 인해 열등감을 느끼기 시작한다.

나는 퇴직하기 직전 직장인 한국에너지기술평가원에서 열등감을 가장 많이 느꼈다. 이곳 역시 첫 공공기관처럼 창립 멤버로 시작했지만 창립 멤버로서의 혜택은 거의 누리지 못했다. 혹시 모르겠다. 나중에 입사한 어린 직원들은 나와 같은 존재가 기득권자처럼 보이고 엄청난 혜택을 누리고 있다고 느꼈을지도.

나는 나의 인생 상아탑을 멋지게 쌓으며 살았다고 자부했다. 가난하고 못 배우고 건강 체질도 아닌 내가 이 정도 인생을 살고 있으면 멋진 인생이라며 나의 자존감을 높이고자 노력했다. 숲속의 나였던 것이다. 그런 내가 박사들이 널려 있는 강남 한복판의 엘리트 집단에 던져지고 보니 세상 초라한 존재였다.

아버지가 갑작스레 의문의 사고사를 당하신 후 가세는 말도 못 하게 기울었다. 큰오빠는 동생들 챙기기와 자기 가정(큰오빠는 결혼해서 가정을 이루고 있었다)도 챙기는 이중고를 겪어야 했다. 그리고 언니는 대학

진학을 포기하고 직장에 다니기 시작했다. 그 아래로 고등학생인 작은오빠와 중학생인 나 그리고 초등학생 동생까지 돈 들어갈 일이 줄줄이 대기하고 있었다.

중3이던 어느 날 큰오빠와 엄마가 나를 벼랑 끝으로 떠미는 이야기를 했다. 대학에 보내줄 수 없으니 인문계 고등학교를 포기하라는 것이었다. 실업계 고등학교에 진학해서 얼른 사회로 나가 스스로의 삶을 책임지라는 것이었다. 언니는 인문계 학교에 갔는데 왜 나는 못 가게 한단 말인가? 나름 열심히 공부했고 언니보다 못한 게 없는 나였다. 그런데 왜 나한테만 실업계 고등학교로 가라고 하는 것인가? 교장 선생님까지 나서서 나의 여상 입학을 만류하고 계신데 왜 엄마와 오빠는 듣지를 않는 걸까? 나의 슬픔은 이때부터 시작되었다.

고등학교 예비 소집일! 진눈깨비가 무던히도 쏟아졌다. 대천(충남 보령의 전 행정도시명)의 바닷바람이 온몸을 파고들었다. 내 손엔 작은 우산 하나도 없었다. 그 흔한 오리털 잠바도 없이 면 소재의 짧은 잠바를 입고 있는 내 몸은 삭정이처럼 뻣뻣하기만 했다. 대천 시내를 중심으로 인문계 학교인 여고와 여상은 정반대에 위치해 있었다. 가고 싶었던 여고 정문 앞으로 가 보았다. 들어오지 말라는 듯 철 교문은 굳게 닫혀 있었다. 말없는 교문을 붙잡고 몇 시간을 서서 울었다.

젖은 몸을 이끌고 터덜터덜 여상으로 갔다. 진눈깨비를 맞으며 무려

한 시간 이상 찬 바람 스치는 아스팔트를 걸어간 것이다. 이미 예비 소집 일정은 훌쩍 지나 있었다. 그냥 돌아갈 수 없어 교무실 문을 열고 들어갔다. 순식간에 나에게 몰리는 선생님들의 시선! 온몸은 진눈깨비에 흠뻑 젖어 있었고 나는 기절하기 직전이었다.

어느 키 작은 남자 선생님 한 분이 다가오시더니 "청라중학교 김미애니?"라고 물으셨다. 그렇다고 말하고 예비소집 유인물이라도 받아 가려 한다고 말씀드렸더니 우선 난롯가에 나를 앉히셨다. 기다리고 있었다고. 무슨 말일까? 알고 보니 중학교 때 나의 윤리 선생님이 이 남자 선생님의 부인이었던 것이다. 윤리 선생님이 나를 부탁하셨다 한다. 잘 좀 챙겨주라고. 그래서 기다리고 있었는데 오지 않아서 걱정하고 있었다고.

집에 돌아와 밤새 혼자만의 서러움을 꺼이꺼이 토해냈다. 코피는 또 왜 이리 자주 나는지. 눈물만 나도 서러운데 코피까지 닦아내며 더더욱 서러운 나의 중학교 생활을 마무리했다. 어쨌든 고등학교에 안 갈 수는 없으니까.

운 좋게도 고3, 11월 여의도의 한 무역회사에 취업이 되었다. 국회의사당 바로 맞은편이었고 삼환기업(지금도 그 빌딩이 삼환기업인지 모르겠다) 옆이었다. 조금만 가면 KBS 방송국이 있었고 TV에서만 보던 63빌딩이 보였다. '아, 새로운 삶의 시작이구나!'

그러나 얼마 가지 않아 그 엄청난 빌딩들의 위용에 압사당할 것 같은 괴로움을 느껴야만 했다. 기거할 곳이 없어 사돈집(큰오빠의 처형의 집)의 옥탑방에서 살았다. 내 생애에 겪어본 최고의 추위였다. 옷이라고는 딱 두 벌이고 그나마 외투는 고등학교 예비 소집일에 입고 갔던 면 잠바가 다였다. 여의도 광장(92년 당시에는 여의도 광장이 있었다)의 매서운 강바람은 차갑다 못해 시렸고, 집이라고 들어온 옥탑방은 스킨로션이 얼어붙을 만큼 추웠다.

그렇지 않아도 괴로운 나날! 안경이 부러져 버렸다. 국회의사당 대로에는 버스들이 수십 대씩 줄을 서 있었고 버스가 오는지 잘 살피고 달려가서 타야 했다. 그런데 안경이 없는 것이다. 내가 타야 할 버스는 나를 스쳐 지나간 다음에나 번호를 확인할 수 있었다. 보이지 않으니까. 진눈깨비는 자꾸 쏟아지고 강바람은 시리고 웅장한 빌딩들은 자꾸만 자꾸만 나를 압도하고 찍어 눌렀다. 아! 엄마…! 그 추위에도 눈물은 얼지 않았다. 버석한 두 볼 위로 눈물이 하염없이 흘러내렸다.

그랬던 내가 강남의 멋진 공공기관에 와 있는 것이다. 이 얼마나 멋진 비상인가? 나 스스로는 그렇게 생각했다. 이곳에 오기까지 정말 열심히 나를 갈고닦았다. 대학을 다니고 대학원을 다니며 부족하지 않은 내가 되려고 무던히도 노력했다.

그러나 막상 와 보니 나는 너무도 보잘것없는 존재였다. 주변에는 온통 박사들뿐이었다. 그들끼리도 진골, 성골을 논하며 서로 우월감을 과

시했다. 새로운 기관장이 오면 으레 조직을 개편하게 마련이다. 자신만의 브레인 조직을 만들고 싶기 때문이다. 당시 기관장이 개편한 그 조직에는 별도의 정예부대 같은 부서가 있었는데 대단한 학벌이 아닌 이상 명함도 내밀 수 없었다. 그러니 나는 꿈도 꿀 수가 없었다. 기관장은 나의 이름을 언제나 알아주려나. 3년 임기 내에 나를 알게 되기나 할까?

이곳에 오기 전까지 나는 나름 인정받고 산다고 느꼈다. 열심히 한 만큼 예상한 결과가 나왔다. 하지만 이 엄청난 엘리트 집단에서는 내가 아무리 열심히 해도 성과의 티가 나지 않았다. 오히려 그들의 근사한 결과물들에 위축되기만 할 뿐이었다. 더 멋지게 비상해보고자 인정받고 있던 조직을 버리고 이직한 것이었는데 나는 점점 더 존재감 없는 사람으로 낮아지고 있었다.

공공기관의 특성상 기관 설립의 고유 목적에 맞는 사업을 하는 사람들이 주목받는 건 어쩔 수 없다. 일반 기업은 수익 창출, 즉 영리가 목적이다 보니 재무 관련 부서들이 굉장히 중요한 위치에 있다. 하지만 영리와는 상관없는 비영리 조직에서는 재무 관련 부서가 사업 부서의 스태프에 불과했다.

직원의 대부분은 공학박사였고 나처럼 경영학이나 경제학, 기타 인문사회 계열을 전공한 직원은 많지 않았다. 그러나 조직은 어느 한 축만으로 돌아갈 수 없다. 큰 톱니바퀴와 작은 톱니바퀴가 맞물려야 제대로 돌아가고 조직이 굴러갈 수 있는 것이다.

한번은 이런 일이 있었다. 대부분의 사람들이 그 직원의 태도에 문제가 있음을 인지하고 있는데 연말 평가를 보니 상당히 높은 점수를 받은 것이다. 어떻게 그럴 수가 있는가? 나를 아껴 주시는 상사분과 식사하던 중 질문했다. 왜 그 직원이 높은 점수를 받아야 하는지?

그러자 그분은 갑자기 돌담 이야기를 꺼내셨다. 돌담을 쌓는 원리를 아느냐고. 돌담은 크고 좋은 돌로만 쌓을 수 없다는 것이다. 큰 돌들을 쌓아 가는 과정 중 높이를 맞추거나 돌과 돌 사이의 빈 공간을 메우기 위해 때로는 작은 돌, 모난 돌을 써야 할 때가 있다고. 지금은 그 작은 돌과 모난 돌이 필요한 때라고. 어찌 보면 이런 것들이 다 관운(官運)이라고.

설명을 들으면서 우리 조직에 톱니바퀴의 원리가 적용되고 있음을 알 수 있었다. 큰 톱니바퀴도 돌아가야 하고 작은 톱니바퀴도 돌아가야 하는. 큰 돌도 써야 하고 모나고 작은 돌도 써야 하는.

박사들은 그들의 영역에서 열심히 멋지게 돌아가면 된다. 내가 그 큰 톱니바퀴의 굴레로 들어갈 필요는 없다. 나의 역할은 조직에서 작은 톱니바퀴였을 수도 있다. 내가 공학 분야를 모르듯 그들도 나의 영역인 재무 분야를 전혀 모르지 않는가? 재무 분석 자료를 내밀면 그들도 우물쭈물 나와 같이 작은 사람이 되지 않겠는가?

공학 지식이 중요할 수밖에 없는 그 조직에서 나는 나의 재무 지식이 그들의 지식과 비교해 평가절하되고 있음에 억울해했다. 그리고 열등감을 느꼈다. 누구보다 열심히 살아온 나의 삶이 같이 평가절하되고 있는 듯 느껴져서 한없이 괴로웠다. 그러나 기쁘게 생각하자. 노란색 병아리 일색인 한 무리에서 나만 우중충한 회색 새끼 백조라고 생각하자. 먼 후일, 누가 더 멋지게 자기 생을 살고 있을지는 아무도 모르니 기쁘게 나의 삶을 살아내고 볼 일이다.

06

나를 솔직하게 표현하는 게 최선이다

나는 요즘 이솝우화에 빠져 있다. 아이 때 읽었던 이솝우화가 요즘 왜 이렇게 마음에 많은 울림을 주는지 모르겠다. 특히나 작년에 발간된 박홍순님의 『거꾸로 보는 이솝우화』를 보면서 몇 번이나 무릎이 탁 쳐지곤 했다. 박홍순님의 이솝우화는 제목에서 말하는 것처럼, 원래 동화에서 말하고 있는 올바름과 선한 마음이 현대에 와서 전혀 반대로 해석되고 있는 모습을 보여주고 있다. 동화와는 또 다른 울림을 준다.

인터넷을 검색하면 농민신문에서 연재하고 있는 '21세기 이솝우화'라는 것도 볼 수 있다. 이솝우화를 근간으로 이와 같은 일이 현대에 일어나고 있는 사례를 이야기로 만들어 연재하고 있다. 나처럼 이솝우화를 다시 보게 되는 사람들이 분명 있다는 얘기다.

아래는 21세기 이솝우화에 나오는 이야기이다.

한 농부가 산을 넘고 있었다. 그런데 그 산은 길목을 가로막고 행인들에게 금품을 갈취하는 산적들이 있는 곳이었다. 농부도 여지없이 걸려들고 말았다.

"거기 서라! 이 길을 지나려면 몸에 지닌 모든 것을 다 꺼내 놓고 가야 한다."

"내가 왜 그래야 하지? 나는 너희들에게 내 것을 주지도 않을 것이고 이 길도 반드시 지나갈 것이다."

"용기가 대단한데? 지금 너의 생각을 솔직하게 그대로 얘기해주면 그냥 지나가는 걸 고려해보마."

"나는 너희들이 죽도록 싫다. 남을 괴롭히며 살아가는 너희들을 다 때려눕혀 버리고 싶은 게 내 마음이다. 그리고 내가 글을 쓸 줄 몰라서 그렇지 글을 쓸 줄 알았다면 벌써 너희들을 신고하는 신고장을 써서 경찰서에 갖다줬을 것이다. 내가 다음에 이 길을 지날 때 또 나를 괴롭히면 그때는 신고장이 없더라도 경찰서에 가서 경찰들을 이끌고 이곳으로 올 것이다. 알아서들 해라."

산적들은 움찔했다. 건드려봐야 피곤하기만 할 것 같았다. 정말 신고
라도 할 시에는 자기들의 돈벌이가 사라지니 여간 문제가 아니었다. 농
부를 그냥 보내 줄 수밖에 없었다.

물론 이렇게 호락호락한 산적들이 어디 있을까마는 이 이야기는 솔직
함이 가장 강한 무기라고 말해주고 있다. 작년 이맘때쯤 TV 프로그램
〈집사부일체〉에 탤런트 김희선이 나와 솔직 토크 하는 것을 본 적이 있
다. 그녀는 술을 잘 마시기로 소문이 자자하다. 특히나 그녀의 막걸리 사
랑은 나도 인터넷에서 본 바 있다.

한창 활동이 활발하던 시절 토크 프로그램 섭외가 들어와 출연을 승낙
하고 있는데, 기획사에서 절대 술 많이 마신다는 얘기는 하지 말라고 하
더란다. 여자 연예인에게는 치명타가 될 수 있고 인기도 떨어질 것이라
고 했단다. 그러나 용감무쌍한 여자 김희선은 아무렇지도 않게 토크 프
로그램에 나가 소주 4병 마신다고 폭탄선언을 했다는 것이다. 그런데 오
히려 재미있다는 반응이었고 인기가 떨어지는 일도 없었다고 한다.

자신이 거기서 술을 못 마신다고 했다면 향후 연예인들과 술 마시는

모습이 우연히라도 TV에 나갔을 때 거짓말을 했다며 오히려 더 미움을 받았을 수도 있지 않았겠냐고 했다. 그리고 못 마시는 척하느라 얼마나 자기 삶이 고달프고 조심스러웠겠냐며 '솔직함은 최고의 무기'라는 멋진 말을 했다.

사람이 솔직해지기 위해서는 상당한 용기가 필요하다. 거짓말을 하지 않으면 되는데 무슨 용기까지 필요하겠느냐 할 수도 있겠으나, 자신의 모든 것을 솔직하게 보여주기란 여간 힘든 일이 아니다. 자신의 장점과 단점을 써보자. 쓰다 보면 장점은 많이 안 보이고 단점들이 도드라지는 것을 느낄 수 있을 것이다. 그 단점들을 남들에게 솔직히 말할 수 있겠는가? 당신이 정말 감추고 싶은 마지막 하나까지 남들에게 과감히 드러낼 수 있겠는가? 이는 정말 쉽지 않을 것이다. 당신이 장점만 많이 보이고 단점은 거의 보이지 않는다면 나는 당신의 높은 자존감에 박수를 보내고 싶다.

나는 솔직하지 못했던 한 번의 작은 실수 때문에 한동안 힘들었던 경험이 있다. 대학원에 다닐 때였다. 우리 집에서 가까이 사는 선배 한 분을 알게 되어 종종 그분의 차를 얻어타고 다니게 되었다. 그럴 수 있었던 것은 그 선배와 동일한 수강 과목이 있었기 때문이다. 같은 과목을 수강하는 날이면 그분은 다른 과목 수강이 끝날 때까지 기다렸다가 태워주시기도 했다. 나로서는 너무 감사한 일이었다. 감사함의 표시로 간혹 학교 구내식당에서 밥을 같이 먹기도 했고 때로는 커피를 한잔 사드리기도 했다.

어느 날 그 선배가 자기가 다니는 교회에 한번 놀러 오라고 했다. 우리 집에서도 멀지 않은 곳이었다. 나는 교회에 다니는 것을 그다지 내켜 하지 않는 성격이다. 교회가 싫어서가 아니다. 개인적으로 성경 말씀도 좋아했고 찬송가나 복음성가도 꽤 많이 알고 있다. 솔직히 교회에 가서 제일 좋은 시간은 찬송가를 부르는 시간이다.

내가 교회에 대한 거부 반응을 갖게 된 것은 중학교 때이다. 언니가 다니던 직장은 종교 단체에서 설립한 기업이라 직원들이 모두 종교 활동을 해야만 했다. 심지어는 그 직원의 가족들까지도 교회에 다니기를 종용했다. 중학교 때 낯선 사람이 집에 방문했다. 알고 보니 언니 직장과 관련된 교회의 목사님이었다. 자기네 교회에 다니라는 것이다. 내가 안 다니면 언니에게 피해가 가는 건 아닐까 하여 다니겠다고 했다. 그러나, 그 교회는 나를 너무 부담스럽게 했다. 목사님의 설교도 어딘지 이상했고 교회 분위기도 나와 맞지 않았다. 시도 때도 없는 통성기도는 나를 심지어 불안하게까지 했다. 나의 교회에 대한 이미지는 이런 것이었다. 별로 가고 싶지 않은 곳, 이상한 사람들이 많은 곳.

그 선배의 제안도 사실은 내키지 않았다. 그러나 내가 초대에 거절하는 것은 그간 선배의 호의를 배신하는 행위처럼 느껴졌다. 초대가 싫으면 싫다고 말하라고 했지만 나는 기꺼이 초대에 응하겠다고 했다. 오히려 초대해주셔서 감사하다고 했다. 아…… 어쩌려고 그랬을까? 몇 번을 내키지 않는 마음으로 그 선배가 다니는 교회에 나갔다. 거의 끌려갔다고 하는 표현이 맞을 것이다.

한번은 교회에서 성가대 축제가 있었다. 그 교회에 다니는 신자는 물론 지인들까지 불러 성대한 행사가 열린다는 것이다. 그 선배는 이번에도 나를 초대했고 나의 남편까지도 초대했다. 남편은 내가 다른 사람의 제안에 거절 못 하는 성격임을 알고 있었기에 내가 남에게 휘둘릴 때 상당히 언짢아했다. 이번 경우도 딱 그런 상황이고 안 좋아할 텐데 어떻게 가자고 할까. 안 간다고 하면 선배가 실망할 텐데. 몇 날 며칠을 고민했다. 어쨌거나 그 선배는 학교에서 계속 봐야 할 사람! 남편을 설득해보자.

예상은 빗나가지 않았다. 남편은 매우 기분 나빠 했다. 내가 원해서 가는 거라면 그렇게 화가 나지는 않았겠지만 그렇지 않은 걸 알고 있는 남편에게 한 번만 응해 달라고 부탁을 하고 있었기 때문이다. 어쩔 수 없다는 표정으로 그도 성가대 축제에 동행을 해주었다. 행사는 꽤 오래 진행

되었다. 그래도 우리는 끝까지 자리를 지켰고 그 선배 부부와 인사를 나눈 다음에야 헤어졌다. 선배는 얼마 후 교회 행사에 와줘서 고맙다며 우리를 식사 자리에 초대했다. 식사에 가기 전 그 사람이 나에게 물었다. 계속 그 교회에 다닐 거냐고. 정말 그러고 싶냐고. 난 아니라고 했다. 선배가 부탁한 것이니 예의상 그랬던 것뿐이라고 사실대로 말했다. 그렇게 식사 자리에 나갔다.

식사는 즐거웠다. 식사 후 차를 한잔 마시는데 그 사람이 선배에게 할 말이 있다며 오해하지 말고 들어달라고 했다. 그리고 그간 내가 교회에 나갔던 건 선배에 대한 예의를 표하기 위함이었지 정말 교회를 다니고 싶었던 것은 아니라고 사실을 말해버렸다. 나는 좌불안석이 되어 어찌해야 할 바를 몰랐다. 내가 사실은 교회를 별로 좋아하지 않는다는 말도 하고 말았다. 맛있게 먹은 밥이 얹히는 느낌이었다. 학교에서 선배를 어떻게 봐야 하나 걱정이 앞섰다.

그러나 이상하게도 선배의 태도는 전과 달라지지 않았다. 되려 불편하면 말을 하지 그랬느냐고 자기가 미안하다고 했다. 처음에 불편하냐고 물었을 때 내가 아니라고 해서 정말 그런 줄 알았다는 것이다. 이럴 것 같았으면 처음부터 그냥 교회에 나가는 걸 좋아하지 않는다고 솔직히 말할 걸 그랬다는 후회가 밀려왔다. 그동안 마음이 얼마나 불편했는데. 나 대신 솔직하게 얘기해준 남편이 한없이 고마웠다.

　그렇다. 이런저런 정황상 솔직하기 힘들 때가 있다. 그러나 솔직함이
답이다. 그렇지 않으면 솔직하지 못한 상태로 계속 살아 내느라 나 자신
이 너무 힘들어진다. 나를 미워하게 될까, 불편한 관계가 될까 고민하지
말고 그냥 솔직해지자. 솔직한 그녀, 김희선이 대단해 보인다.

07

남과 비교하지 않겠다고 결심하고 실천하라

엄마는 스스로 잘 모르시겠지만 무의식 중에 언니를 나와 동생의 비교 대상으로 삼으셨다. 심지어 나와 동생을 다 합쳐도 언니 한 사람 몫이 안될 거라고도 하셨다. 엄마의 그 얘기를 들을 때마다 화도 났고 짜증도 났다. 그러다 어느 순간인가부터는 나 자신도 언니는 내가 범접할 수 없는 사람이라고 생각하게 되었다. 동생과 나는 농담 삼아 얘기한다. 언니는 박물관행이라고. 그냥 저대로 박물관에 갖다 놓아도 전혀 손색이 없을 만큼 아주 특별한 문화재가 될 거라고.

형만 한 아우 없다고 한다. 나와 동생은 절대로 할 수 없는 일을 나의 언니는 해낸다. 가족을 위한 언니의 희생정신은 대한민국 1등이라고 해도 과언이 아니다. 그렇지 않을 수도 있겠으나 적어도 우리 가족 모두는 이 말에 동의한다. 엄마는 무슨 동화 속 이야기를 들려주듯 언니의 어릴 적 이야기를 되풀이하곤 하셨다.

언니가 초등학교에 들어가기도 전이었다고 한다. 그 당시 엄마는 밭에서 기른 채소며 야채들을 시장에 내다 팔곤 하셨다. 그런데 하루는 너무 피곤해서 채소를 다발 다발 묶어놓지 못한 채 그냥 잠이 드셨다고 한다. 내일 아침에 일찍 일어나 손질해서 팔아야지 했는데 아침에 일어나 보니 채소들이 깨끗하게 손질되어 있더란다. 고사리 같은 손으로 언니가 다 해놓은 것이다. 평소 엄마가 하는 걸 보아왔던 터라 봤던 그대로 똑같이 한 것이다. 이게 말이나 될 법한 일인가? 그러나 놀랍게도 그건 엄마가 지어낸 얘기가 아니라 사실이었다. 어린아이가 얼마나 엄마 생각을 많이 했으면 밤에 잠도 안 자고 그걸 할 수 있었는지 나는 감히 상상도 할 수 없다.

아버지가 돌아가신 후부터 언니는 사실상 우리 집의 경제적 가장이 되었다. 자신이 버는 돈을 오롯이 동생들 학비며 생활비로 내놓았다. 집에 올 때면 가방에 음료수를 하나 가득 메고 왔다. 언니가 다니던 직장은 음료수를 만드는 회사였는데 직원들에게 무료로 음료수를 나눠줬다고 한다. 언니는 그것을 차곡차곡 모았다가 집에 올 때 메고 오는 것이었다. 자신이 보내 주는 생활비로 엄마가 우리에게 음료수 한 병 사주지 않을 거라는 것을 알기 때문이었다. 그렇기에 그 무거운 음료수를, 버스 타고 기차 타고 또 버스를 타야 하는 경기도에서 충청도까지의 긴 여정에도 아랑곳하지 않고 메고 다녔다.

우리 집에는 변변한 옷장 하나가 없었다. 엄마와 오빠 그리고 나와 동생 이렇게 4명이 사는 집이었지만 '단스'라고 불리는 서랍형 옷장 하나가 전부였다. 그리고 오래된 궤짝 하나가 옷장 역할을 하고 있었다. 한번은 언니가 온다는 소식에 학교를 파하자마자 정신없이 달려왔다. 빠른 걸음으로 걸어도 40분은 족히 걸리는 거리를 나는 거의 쉬지도 않고 내달렸다. 언니가 오는 게 그렇게 좋을 수가 없었다. 빨리 가서 언니를 보고 싶었다.

집에 와보니 언니는 이미 도착해서 방을 정리하고 있었다. 어김없이 음료수를 가득 메고 왔기에 얼마나 힘들었을까 싶은데도 언니는 쉬지 않고 집에 와서도 일을 찾아서 했다. 옷장 역할을 하던 궤짝을 들어내고 그 자리에 '비키니 옷장'을 설치하고 있었다. 와! 그렇게 이쁠 수가 없었다. 땀이 비오듯 했지만 언니는 비키니 옷장을 설치하고 옷들을 정리하고 방 청소를 끝낸 후에야 자리에 앉았다. 엄마가 좋아하시는 황도를 사왔다 며 물이 줄줄 흐르는 황도의 껍질을 벗겨 주었다. 언니가 어떤 모습으로 왔을지 상상이 되었다. 등에는 무거운 음료수를 가득 메고 한 손에는 비키니 옷장을 사 들고 다른 한 손에는 복숭아를 사 들고 땀이 범벅이 되어 왔을 것이다. 밤이 되어도 언니는 잠잘 생각을 하지 않았다. 엄마가 시간이 안 되실 거라며 우리가 먹을 밑반찬들을 만들었고 지저분해진 양념통들을 정리하고 구석구석 청소를 했다. 주중에 계속 근무하고 주말에 집에 와서 또 일을 하는 것이다. 일요일 낮에는 나와 동생을 데리고 밭으로 나가 김을 맸고 급한 마음에 밥도 제대로 못 챙겨 먹고 다시 경기도 소재의 언니 회사로 돌아갔다.

지금도 언니는 직장생활을 하지 않는 나보다 더 자주 엄마에게 간다. 금요일 퇴근하면 그길로 기차역으로 가서 기차를 타고 가는 것이다. 청소하고 반찬을 만들고 빨래하고 텃밭에 있는 일거리들을 처리하고 일요일에 돌아온다. 그렇다고 언니가 자신의 가정에 소홀할 리가 없다. 주중에도 항상 퇴근하면서 야채를 사와 김치를 담그고 갖은 반찬들도 만들고 집 안을 돌보기에 언제나 깔끔하고 먹거리 많은 집이다. 심지어 나에게 반찬을 가져다 먹으라고 한다. 아…… 도대체 언니는 어떻게 그럴 수 있단 말인가? 엄마 말씀대로 나와 동생을 다 합쳐도 언니 몫을 할 수 없을 것 같다. 언니는 도저히 따라갈 수 없는 사람이다. 그냥 언니의 대단함을 인정하면 된다. 굳이 나와 비교할 필요 없다. 나는 나의 위치에서 열심히 살면 되는 것이다.

언니와 같은 감히 내가 범접할 수 없는 사람을 만났을 때는 그냥 받아들이면 된다는 것을 경험으로 알고 있기 때문인지 나보다 대단한 사람을 만나더라도 나 자신을 괴롭히지 않기 위해 노력했다. 오히려 나는 그런 사람들과 가까워지고자 했고 그들의 강점을 내 것화하기 위해 노력했다. 이런 적은 있다.

그 직원은 대단한 학벌을 가지고 있었다. 그러나 내가 뭐 그런 사람을 한두 명 봐왔나? 단지 학벌로 위축되지는 않았다. 내가 보기에 그 직원은 뺀질이 기질이 다분했다. 일을 열심히 하지도 않았고 언제나 칼퇴근을 했다. 그런데 신기하게도 자기 일을 해내지 못해 혼난다든가 힘들어하는 걸 본 적이 없었다. 오히려 성과도 좋았고 연말 평가도 잘 받았다. 친한 상사분도 식사 자리에서 우연히 그 직원에 대해 얘기한 적이 있다. 뺀질거리고 살짝 얄미운 캐릭터인데 일도 깔끔하게 잘 해내고 당당하니 뭐라고 할 말이 없다는 것이다.

직장에서 중요한 사안이 발생하여 TFT를 구성한 일이 있다. 그 직원도 나도 같이 TFT의 구성원으로 프로젝트에 참여했다. 직장 내부가 아닌 별도의 장소를 임차하여 오로지 그 일만 집중해서 한동안 일을 진행했다. 그 직원은 그 자리에서도 뺀질거렸다. 상당히 거슬렸다. 원래 내 신조가 한 가지 일을 잡으면 집중적으로 최선을 다하자인데 그 직원은 도통 열심히 하는 기색이 보이지 않는 것이다. 내가 의사결정자였으면 그냥 TFT에서 손 떼고 사무실 들어가서 일하라고 했을 것 같았다. TFT 기간이 거의 끝나 갈 무렵 각자 구상한 내용을 취합해서 최종적으로 결론을 도출하는 시간이었다. 자기에게 주어진 파트별로 그간 진행한 내용을 발표했다. 그 직원도 자신이 맡았던 부분을 열심히 설명했다. 헉! TFT 팀원 중 가장 훌륭한 의견을 도출했다는 것을 인정하지 않을 수가 없었다. 말로만 들었을 뿐 같은 부서에 근무해본 적이 없어서 그가 얼마나 대단한지 사실 모르고 있었다. 도대체 저 직원의 뇌는 어떻게 생겼을까? 들어가 보고싶다는 생각이 들 정도였다. TFT의 특성상 제한된 시간 안에 결과물을 빨리 도출해야 하므로 야근이 다반사였다. 그런데도 그 직원은 혼자 유유자적 시간을 보냈는데 어떻게 그런 훌륭한 생각을 해낼 수 있는지 궁금했다. 남들이 죽어라 머리 굴리며 궁리할 때도 여유 부리던 사람이 집에 가서 따로 구상을 했을 리도 만무하다. 이건 정말 탁월한 두뇌 때문이라고밖에 달리 생각할 수가 없었다. 내가 그런 사람과 비교하면서 굳이 힘들어할 필요 있을까? 그냥 그 사람은 특별한 그 위치에 서 있도록 두고 나는 나의 위치를 굳건히 지키면 되는 것이다.

우열을 가리기 힘든 비슷비슷한 상황에서는 열등감도 느껴지고 질투도 나는 법이다. 친구가 나보다 조금 더 이쁘다거나 조금 더 똑똑한 경우, 그때는 질투하게 되고 내가 그보다 못할 게 뭐냐며 다시 우열을 겨뤄

보고 싶어진다. 그러면서 더 나은 나로 발전하게 되는 것이다. 경쟁은 발전을 위해 필요한 요인이긴 하나 모든 것에 비교의 잣대를 들이대고 소모전을 할 필요는 없다. 그것 때문에 스트레스를 받는다면 오히려 발전이 아닌 퇴보를 하게 될 수도 있을 것이다. 내려놓아야 할 때는 깨끗이 내려놓고 인정해야 할 때는 쿨하게 인정하는 게 나의 발전을 위해 훨씬 좋은 방법일 것이다.

08

행복해지기 위해 남보다 우월해질 필요는 없다

우리나라 사람들의 공부에 관한 높은 관심은 바뀌지 않는 모양이다. 1989년도는 내가 중학교 3학년 때이다. 그때 개봉한 영화 〈행복은 성적순이 아니잖아요〉는 개봉과 동시에 난리가 났었다. 이 영화는 학교 성적 때문에 부모님과의 마찰로 여자 주인공 중 한 명이 자살하는 내용을 담고 있다. 아마 그 당시 학생이었다면 모르는 사람이 없을 것이다. 바로 이어 1990년에는 〈행복은 성적순이 아니잖아요〉의 후속작 느낌 같은 〈그래 가끔 하늘을 보자〉라는 영화가 개봉됐다. 학교 성적 때문에 고민하던 남자 주인공이 몰래 시험지를 빼내다가 선생님께 걸리고 투신 자살을 하는 내용이다.

요즘에도 공부는 우리나라 학생들에게 지상 최대의 과제다. 2018년 〈SKY캐슬〉이라는 드라마도 흥행 열풍이 어마어마했다. 국민의 반은 보지 않았을까 싶다. 저 드라마도 명문 대학교에 진학하기 위한 치열한 공부 전쟁을 다루고 있다. 부모님들의 공부에 대한 집착은 무엇 때문일까? 가장 통상적인 대답은 '잘되라고' 일 것이다. 잘된다는 말이 도대체 어떤 의미로 부모님들에게 각인되었기에 이토록 자식의 공부에 집착하게 만드는 것일까?

최근 몇 년 사이 주식 투자를 하는 사람이 급속도로 많아졌다. 금융기관들의 수신금리가 워낙 낮다 보니 저축은 돈을 불리기 위한 방법이 아니라고 판단한 것이 그 이유인 것 같다. 우리나라 주식 투자의 아이콘으로 급부상한 사람 중 메리츠자산운용 대표 '존 리'가 있다. 그는 주식 관련 책을 여러 권 저술하기도 했고 TV 프로그램에도 자주 출연한다.

나도 그의 책 『존리의 부자되기 습관』과 『엄마, 주식 사주세요』를 아들과 같이 읽었다. 그리고 종잣돈으로 약간의 현금을 아들에게 보내 주고 주식 투자 해보기를 권했다. 『존리의 부자되기 습관』에서 그는 공부하기 싫어하는 아이를 왜 굳이 학원에 보내는가? 라는 의문을 제시한다. 그 돈으로 차라리 주식 투자를 하라는 것이었다. 그래서 그 돈으로 자신의 노후 준비를 하라고. 그리고 또 묻는다. 왜 아이가 명문 대학교에 들어가야 하는가? 졸업 후 좋은 곳에 취직하기 위해서? 의사/판사/변호사 등

훌륭한 사람이 되기 위해서? 그렇다면 왜 좋은 곳 취직과 훌륭한 사람이 되길 원하는가? 결국 잘살기 위해서 아닌가. 잘산다는 의미는 무엇인가? 돈을 잘 버는 것 아니겠는가? 그렇다면 열심히 공부해서 어딘가에 소속되어 월급을 받는 노동자를 만들지 말고 주식을 사서 경영에 참여하는 경영자가 되게 하라고 말한다. 멋진 발상이다. 이렇듯 굳이 명문 대학교에 가지 않아도 잘되는 길, 잘 사는 방법이 있는데 부모님들은 한결같이 아이에게 명문 대학교에 입학하라고 주문한다.

UN 산하 자문기구인 지속가능발전해법네트워크(SDSN)에서 발표한 '2020년 세계행복 보고서'를 보면 우리나라는 세계 행복지수 순위 61위에 랭크되어 있다. 2013년 41위, 2015년 47위, 2017년 55위, 2019년 54위였다가 기어이 작년에는 61위까지 추락하고 말았다. 계속해서 더 열심히 살고 있는데도 우리나라 사람들은 자꾸만 불행해져 가고 있다.

반면 북유럽 국가들은 지속적으로 행복한 나라로 손꼽히고 있다. 특히 핀란드는 행복지수 1위를 이어가고 있다. GDP 기준으로 비교해 볼 때 2019년 기준 우리나라는 세계 12위이고 핀란드는 세계 44위이다. 객관적인 기준으로 보자면 우리나라가 핀란드보다 훨씬 행복할 확률이 높다고 여겨지지만 우리는 지속적으로 덜 행복해지고 있는 실정이다. 〈행복은 성적순이 아니잖아요〉라는 영화 제목에서 보듯이 행복해지는 데 반드시 어떤 조건이 필요한 것은 아니라는 얘기다. 나라별 행복 순위를 봐도 그렇지 않은가? 객관적인 지표는 사회적인 통념은 행복과 그리 밀접한 관계를 갖고 있지 않다. 그러면 왜 부모님들은 아이의 미래에 대해 '잘되라고'는 주문하면서 '행복하라고'는 주문을 하지 않는 것인가? 잘되면 행복은 따라오는 것이라고 생각해서일까?

아주 잠깐이지만 나도 사실은 아이를 강도 높게 공부시킨 적이 있다. 그것도 남들이 보기에 너무하지 않나 싶을 정도로 내 기준에 따라 아이를 다그쳤다.

대부분의 아이들은 7살까지 유치원에 다니고 8살이 되어 초등학교에 입학한다. 나의 아들은 유치원 졸업 이벤트가 없었다. 6살까지만 다니고 그만 다닌 것이다. 내가 보기에 유치원을 처음 보낸 5살 때나 6살 때나 유치원에 가서 하는 게 별반 달라 보이지 않았다. 그냥 아이가 어딘가에는 가야 하니까 보내는 것 같은 느낌이 들었다. 그래서 7살부터는 유치원에 보내지 않고 영어 학원을 보내기 시작했다. 기특하게도 곧잘 따라 했고 오히려 한두 살 많은 형이나 누나들보다 진도가 빨랐다.

그러나, 나는 아이가 영어만 잘하는 것에서 만족하지 않았다. 초등학교에 입학해서는 모든 과목을 챙겼다. 주중에는 나도 아이도 각자의 영역에서 자기의 역할을 수행하며 지냈다. 그리고 주말에 만나면(주중에는 아이가 나의 언니 집에서 생활) 한 주간 배운 모든 내용을 복습하고, 다음 한 주간 배울 내용을 예습했다. 주말 이틀 동안 하루 7~8시간씩 해도 늘 빠듯했다. 아이는 힘들다며 방바닥을 데굴데굴 뒹굴며 발버둥을 치기도 했다. 그래도 나는 아이를 봐주지 않았다. 아이가 울다 지쳐 다시 의자에 앉을 때까지 그냥 기다렸다. 그렇게 한동안 나의 강도 높은 육아는 계속되었다.

그러던 어느 날! 내가 몸이 안 좋아 병가를 내고 집에서 쉬고 있을 때였다. 경찰서에서 전화가 왔다. 아이가 차에 치여 아주대학교병원으로 긴급 호송했다는 것이다. 순간 귓속에서 예리한 이명이 들리는 느낌이었고 그다음 말은 듣지도 않은 채 병원으로 달려갔다. 택시를 타고 병원으로 가는 동안 너무도 끔찍한 상상이 수백 가지는 스쳐 간 듯하다. 응급실에 도착해보니 아이는 두 눈을 동그랗게 뜬 채 침대에 누워 있었다. 나를 보자 '엄마…' 하고는 그제서야 울기 시작했다. 그리고는 잠시 후 의식을 잃었다. 얼마나 큰 충격이었는지 아이는 통증도 못 느끼는 듯했고 심지어 울지도 못하고 있었다. 나를 보기 전까지는. 아이가 의식이 없는 채 중환자실에 누워 있는 지옥 같은 며칠을 보내면서 알고 있는 모든 신께 매달렸다. 제발 아이를 살려 달라고…… 그리고는 모든 것들이 후회로 머릿속에 채워지기 시작했다. 내 일 한다고 언니 손에 아이를 맡긴 것, 바쁘다는 이유로 아이가 엄마를 기다렸던 날 가보지 못한 것, 더 많이 애정 표현을 못 해준 것, 강도 높은 공부에 힘들어서 방바닥을 뒹굴게 한 것…

가끔은 그런 생각을 한다. 내 고집이 너무 강하니 신께서도 그 고집을 꺾기 위한 강한 방책을 쓴 것이라고. 그렇지 않고서는 잘못 가고 있는 나를 바로 잡을 방법이 없기 때문이었을 것이라고. 그 이후 나는 아이를 대하는 나의 모든 태도를 바꿨다. 우선 나와 떨어져 지내는 생활을 종료했다. 언니네와 함께 살기 시작한 것이다. 공부는 스스로 할 수 있도록 했고, 최대한 건강하게 지낼 수 있게 했다. 간 파열 등 장기 파열로 인해 수술을 할 수 없어 지연되는 탓에 수술이 끝난 후 아이의 다리 길이는 짝짝이가 되어 있었다. 다리에 기다란 철심을 박아 놓은 상태였기에 언제나 건강에 신경을 써야 했다. 숫기 없는 아이가 친구들과 잘 어울릴 수 있도록 세심하게 챙겼다. 아이가 초등학교 4학년을 마쳤을 때 나는 담임선생님께 작은 선물을 준비해 인사를 갔다. 1년간 챙겨 주셔서 감사하다고. 그때 담임 선생님의 말이 아직도 남아 있다.

"어머니, 학년 초에 제일 기대되는 아이가 영하였어요. 전학 올 때 생활기록표 보니까 공부를 엄청 잘했더라구요. 그런데 연말이 돼서 가장 실망한 아이도 영하였어요. 어머니가 너무 안 챙기신 것 같아요. 아이의 성적은 백프로 엄마의 정성이거든요."

내가 1년 전에 그 소리를 들었다면 아이를 더 다그쳐야겠다고 주먹에 힘을 줬을 것이다. 그러나 나는 조금도 신경 쓰이지 않았다. 오히려 담임 선생님이 측은하게 느껴졌다. '저 선생님은 아이의 행복이 어디에 있다고 생각하는 걸까? 공부 잘하는 아이가 제일 착한 아이이고, 제일 바른 아이이고, 아이 스스로도 제일 행복하다고 느끼는 줄 알겠구나…… 아직도……'

　행복은 남보다 잘나서 생겨나는 감정이 아니다. 자기 내면에서 자연스럽게 느껴져야 하는 감정이다. 그것이 타인이나 세상의 통념으로 남들보다 우월해서 얻어지는 것이 절대로 아니다. 그 누구든 지금 자신의 환경 안에서 자신의 소중함을 깨달을 때 비로소 얻게 되는 귀중한 보물이다.

A HAPPY INDIVIDUALIST

3 장

남의
평가에서
벗어나
나만의 잣대로
살기 위한
8가지 원칙

01

남들에게 좋아 보이지 않아도 괜찮다

사람은 누구나 남들이 나를 잘 봐줬으면 하는 마음이 있다. 내가 하는
모든 것들에 대해 다른 사람들로부터 좋은 소리를 듣고 싶다. 간혹은 그
럴 수 없다는 것을 나 스스로도 알기에 포기하고 받아들이는 일도 있지
만 그러지 않기 위해 부단히 노력한다. 나는 나의 근면성과 책임감 등에
대해 남들이 좋게 봐주길 퍽이나 바랐던 모양이다.

내가 한국에너지기술평가원에 근무를 시작한 때였다. 법인을 설립한
지 얼마 되지 않은 상황이었기에 직원이 많지 않았다. 특히나 행정직은
단 두 명뿐이었다. 나의 입사일이 11월 1일이었으므로 바로 겨울 추위가

닥쳐왔다. 감기는 내가 겨울을 보내기 위한 통과의례 절차였다. 설립 초기라 일이 많았으므로 야근이 이어지는 통에 몸은 항상 피곤에 지쳐 있었고 기어이 감기에 걸리고 말았다. 두통이 심해서 마치 내 머리가 ET 머리가 된 느낌이었다. 이마 쪽으로 무엇인가 쏟아질 듯 무겁고 그 무게만큼 묵직한 통증이 있었다. 콧구멍에서는 더운 바람이 훅훅 쏟아져 나왔고 눈속엔 모래가 들어 있는 듯 눈동자를 굴리기도 힘들었다. 열이 나서인지 몸에서는 식은땀이 나고 근육통까지 느껴지는 상황이었다. 총체적 난국이었던 것이다. 남편은 직장에 연락하고 하루 쉬라고 했지만 내 머릿속에서는 당장 가서 처리해야 할 일들이 파노라마처럼 지나가고 있었다.

그런 상태에서 출근을 감행했다. 남편도 그날은 중요한 일이 있어서 나를 데려다 줄 상황이 안 되었고 어쩔 수 없이 대중교통을 이용해야만 했다. 택시를 탈 수도 있었으나 경기도 용인에서 서초동까지는 출근길 지옥 코스인지라 택시비도 엄청날 뿐더러 대중교통보다 빠르다는 보장도 없었다. 세상에 그보다 더 고난의 길은 없을 듯 느껴지는 힘든 출근이었다. 사무실에 도착해 무슨 정신으로 일을 했는지 모르겠다. 일을 하는 중에도 몸에서는 열이 올랐고 그래서인지 보는 사람마다 얼굴이 왜 그렇게 벌게져 있느냐고 물었다.

힘들게 오전 근무를 끝내고 점심은 건너뛰기로 했다. 그냥 쉬고 싶었다. 몸이 물먹은 솜처럼 무거운 터라 가까운 곳 어디라도 움직이기가 버거웠다. 1시간 만이라도 눈을 붙이면 나아지겠지 하는 마음에 무릎담요를 들고 자료실 구석으로 찾아 들어갔다. 일을 손에 놓고 있으니 모든 정신이 아픈 것에 쏠렸다. 몸은 더 아픈 것 같았고 이대로 오후 업무를 할 수 있을까 싶었다. 점심식사를 하고 오신 상사분이 자료실에 있는 나를 보고는 깜짝 놀랐다. 온몸이 불덩이였다. 빨리 들어가 쉬라고 재촉했지만 아직 남아 있는 일을 두고는 갈 수가 없었다. 겨우겨우 그날의 일을 끝내고 조금 일찍 퇴근하겠다며 오후 4시 반이 넘어서야 사무실에서 나와 병원에 갔다. 다행히 그날 일을 잘 마무리해서 업무적으로 난감한 상황이 발생하지는 않았다. 그제서야 아픈 것도 마음 놓고 아플 수가 있었다. 그날 이후 그 상사분은 나를 대단한 사람처럼 대하셨고 언제나 좋은 시선으로 나를 봐주고는 했다. 나는 그것만으로도 뿌듯했다.

또 다른 기관에서 근무할 때의 일이다. 나는 인간적인 측면에서도 좋은 사람이길 원했던 것 같다. 요즘에는 그런 문화가 많이 사라진 것 같은데, 전에는 부서장이 회의에 들어가서 늦어지는 경우 직원들이 기다렸다가 같이 식사에 가고는 했다. 그런 일이 잦아지는 경우라면 직급이 낮은 직원들은 알아서 나갔고 부서장 다음 서열의 직원이 부서장을 챙겼다. 그렇게 해서 부서장이 혼자 식사하는 일을 만들지 않았다. 그게 직장 상사에 대한 예의라고 생각했고 사실 나도 그게 맞다고 생각하는 사람 중 한 명이다.

기관장이 바뀌면서 부서장급 이상 회의가 많은 시기였다. 본래 신임 기관장이 오면 부서장들이 바빠지기 마련이다. 업무보고도 다시 해야 했고, 당해 연도 사업계획부터 이와 관련 현안 사항까지 자세히 설명해야 했다. 기관장이 업무를 익히기 위해서는 당연한 절차였다. 뭘 알아야 끌고 나가고 지시하고 할 것이 아닌가?

그날도 12시 10분이 넘었는데 부서장이 회의에서 나오지를 않았다. 직장인들이라면 다들 그렇겠지만 점심시간이 12시부터라 해도 대부분 11시 50분쯤 되면 슬슬 나가기 시작한다. 그러니 12시 10분이면 20분이나 기다린 것이다. 나는 당연히 부서장을 기다려야 한다는 생각에 그냥 일을 하고 있었다.

그런데 갑자기 부서장 바로 아래 직급인 과장이 나한테 점심 약속 없느냐고 묻는 것이다. 없다고 말했더니 잘됐다며 그럼 자기는 약속이 있어 먼저 나갈 테니 잘 부탁한다고 했다. 약속이 있으면 충분히 그럴 수도 있기에 그날은 내가 남아 부서장과 식사하러 나갔다. 사실 부서장과의 식사 자리가 편하지는 않다. 다른 부서원들이 꺼리는 이유를 나도 모르는 바는 아니다. 다만, 힘들게 회의하고 나온 부서장을 혼자 식사하러 가게 하는 건 예의가 아닌 것 같아 최소한의 예의를 지킨 것뿐이다. 그런데 다음에도 그다음에도 과장은 계속 약속이 있다는 것이다. 그러다 보니 나는 이제 약속 잡을 일이 생겨도 그런 상황이 우려되어 약속을 잡을 수가 없었다. 내가 과장 자리에 있었다면 그렇게는 하지 않았을 것이다.

한동안 그런 상황이 이어지고 드디어 부서장 회의가 뜸해지기 시작했다. 그날도 나는 부서장과 둘이 식사하러 나갔다. 그날은 특별한 것을 먹자며 구내식당이 아닌 밖으로 나를 데리고 나갔다. 그러면서,

"김미애 씨는 참 한결같네. 모 과장처럼 약속 있다고 나갈 수도 있을 텐데 계속 나를 기다려 주네? 세상 불편한 자리였을 텐데 말이지. 한두 번 그러다 말겠거니 했는데 계속…… 그동안 고생 많았고 오늘은 맛있는 거 쏠 테니 많이 먹어."

그 일이 있은 후로 나는 또 좋은 평을 들었다. 사람이 예의가 있다, 한결같다, 심지어 의리 있다는 말까지 들었다. 부서장은 나의 이야기를 자랑스럽게 하고 다녔고 다른 부서장들도 부러워하는 눈치였다.

부서장이 바뀌었고 부서원들도 바뀌었다. 그러나 그런 것과는 아랑곳없이 퇴근이나 초과근무를 할 때도 나의 이런 행동은 계속되었다. 부서장은 집에 가기 싫어한 건지 아니면 개인적인 무엇을 하는 것인지 통 퇴근할 생각을 하지 않았다. 그러다 보니 퇴근 시간 이후에도 툭툭 떨어지는 일들이 생겨났다. 눈에 보이니 불현듯 떠오르는 일들을 시키는 것이었다. 동료들은 폭발하려고 했다. 나도 기분이 좋지는 않았지만 일이 워낙 많아서 부서장이 아니어도 초과근무를 할 처지였으므로 별로 상관하

지 않았다. 초반 잠깐은 다들 남아서 부서장 눈치를 보며 잡무를 처리하곤 했다. 그러나 그런 상황이 반복되다 보니 부서장에게 인사도 없이 슬금슬금 다들 가방을 싸 들고 나가기 시작했다. 어떤 직원은 PC를 끄면 퇴근한 게 보이니까 나더러 퇴근할 때 PC를 꺼달라고도 했다. 그들은 나를 붙박이로 앉혀 놓은 채 믿는 구석이 있다는 표정으로 즐겁게 손을 흔들며 사라지곤 했다. 그렇게 부서장은 그냥 내가 떠안는 사람으로 굳혀졌다. 그리고 부서장도 나를 그런 존재로 생각하고 의지하는 듯 보였다.

퇴직 후 얼마 되지 않았을 때 한때 나의 상사였던 분과 여자 동료를 만났다. 우리 셋은 TFT 활동을 하면서 각별히 친한 사이가 되었다. 당시 TFT 팀장을 했던 남자분은 여전히 두각을 드러내는 유능한 실장이었고, 같이 근무했던 여자 동료도 어느새 팀장을 맡고 있었다. 저녁을 먹던 중 실장이 말했다,

"어이, K 팀장! 당신 요새 너무 이기적인거 아니야? 당신네 본부장 요즘 힘든 거 보여 안 보여? 챙겨드리고 그래라 좀. 가끔은 식사하러 가시자고도 하고 커피 한잔 마시면서 힘들지 않느냐고 여쭤보기도 하고 그래야지. 위로 올라갈수록 얼마나 더 외롭고 힘든 줄 알아? 당신도 계속 올라갈 거잖아. 동병상련이겠거니 하고 좀 다독여 드리고 해."

"아니…… 그런 생각을 안 하는 건 아닌데요, 내가 괜히 본부장님 챙기

면 다른 팀장들이 어떻게 생각할까 뭐 그런 것도 신경 쓰이고 또 불편하기도 하고 어렵기도 하고 그래요."

둘의 대화를 들으면서 설핏 웃음이 났다. 비슷한 연배이고 같이 생활했던 추억을 가지고 있으니 그렇지 이게 이렇게 아무렇지도 않게 할 수 있는 말인가 싶어서였다.

그 당시 내가 한 행동이 잘못되었다고는 생각하지 않는다. 그러나, 나는 나 스스로가 너무 좋은 사람으로 인식되기만을 바랐던 것 같다. 매일 약속이 있다고 나갔던 과장은 사실 구내식당에서 밥 먹고 자기 친한 동료들과 자기만의 시간을 즐겼다. 또 부서장 몰래 살금살금 빠져나갔던 부서원들은 나한테 고마워하긴 했지만 어쨌거나 자기들끼리 밥도 먹고 술도 마시며 나름의 자기 시간을 만들었다. 그러나 나는 그런 것을 알면서도 좋은 사람이 되기 위해 나를 너무 힘들게 했던 것 같다.

어차피 사회는 일하기 위해서 만들어진 조합이다. 나빠져서 좋을 건 없겠지만 굳이 모든 면에서 다른 사람에게 좋은 사람이 될 필요는 없다. 자신이 힘들지 않을 정도로 진정한 마음에서 우러나는 딱 그 수준만큼만 좋은 사람이면 충분하다.

02

포기해야 비로소 보이는 것들이 있다

사람들이 죽기 전에 뉘우치고 반성할 수 있는 이유는 바로 모든 것을 내려놨기 때문일 것이다. 아무런 욕심도 없이, 아무런 미련도 없이 다 내려놓고 나니 느껴지는 감정이 바로 뉘우침과 반성일 것이다. 그리고 그에 따르는 후회…… 후회는 다시 그때로 돌아갈 수 없음에 대한 안타까움이다. 다시 그때로 돌아가서 제대로 할 수 있다면 후회의 감정은 생기지 않을 것이다. 잘할 수 있다는 생각에 의욕이 솟고 기쁨이 넘칠 것이다.

앞에서 내가 여직원들 사이에 왕따인 적이 있음을 밝혔다. 그때 나하고 동갑내기 여직원이 내가 안쓰러워 보였는지 하루는 조용히 말했다. "그냥 언니들한테 미안하다고 하고 숙이고 들어와. 한 번만 미안하다고 하면 될 것 같은데 왜 그걸 못 하고 그래." 그러나 나는 도저히 납득을 할 수가 없었다. 무엇이? 내가 그들에게 무엇을 잘못했기에 미안하다고 말해야 하는 걸까? 나랑 언성 높여 싸운 여자 과장? 내가 미안하다고 할 대상은 그 여직원밖에 없었다. 그것도 사안의 잘잘못보다는 어찌 됐든 연장자에게 소리를 질렀으니 그 부분에 대해 미안하다고 하라면 그럴 수는 있을 것 같았다. 하지만 그 외에 다른 여직원에게 무엇을? 내가 뭘 그렇게 그들에게 잘못했길래 왕따를 시킨 사람도 아닌 당하고 있는 내가 미안하다고 해야 한단 말인가?

여직원들은 여고생들처럼 신체적으로 나를 괴롭힌다거나 하지는 않았지만 그보다 덜할 것도 없는 투명 인간 취급을 했다. 나에게는 말하지 않고 다들 모여 밥을 먹으러 간다거나, 나도 분명 여직원회 회원인데 나는 모르게 여직원회를 한다던가 그런 일들이 발생했다. 그리고 내 옆자리 여직원에게 와서 까르륵 거리며 이야기를 하고 있으면서도 나는 보이지 않는 듯한 행동을 취했다. 이야기를 하다가 간간히는 "미애 씨, 안 그래?" 하며 살짝 말을 걸어 줄 법도 한데 오히려 건너편 남직원에게 "과장님, 안 그래요? 맞죠?"라며 맞장구를 치다가 가곤 했다. 허! 쓴웃음이 났다. 뭐 하는 짓들이냐고 그 자리에서 고래고래 소리를 지르고 싶었다.

그들은 즐거워하는 듯했다. 내가 정말 투명 인간처럼 여직원 누가 왔다 가든 옆을 지나가든 아는 체를 못 하니 그 상황을 고소해 하고 있는 것 같았다. 내가 거기서 폭발해 버리면 '저거 봐 저거 봐. 진짜 이상하다니까.'라며 더욱 조롱할 것 같았다. 그래, 관심을 끄자. 저들이 나에게 그러듯 나도 아예 관심을 끄고 살자……. 하지만 그건 나의 이성일 뿐 감성은 그렇게 되지 않았다. 그런 상황이 한없이 속상하고 힘들고 억울했다. 억울해 죽을 것 같은 심정을 가지고 그들에게 원인 모를 사과를 하며 고개 숙이고 들어갈 수는 절대로 없었다.

눈치 빠른 남직원들은 그런 분위기를 감지하고 나에게 일부러 살갑게 대해주는가 하면 "여직원들이 왕따를 시키니 우리가 잘 해줄게."라며 생일에 내 책상에 케이크를 사다 놓기도 했다. 그리고 여직원들 보란 듯이 나를 데리고 밥을 먹으러 나가주기도 했다. 그 당시에는 일 끝나면 자연스레 맥주 한잔하러 나가는 분위기가 만연할 때인지라 남직원들은 줄창 나를 불러내곤 했다. 까짓거 신경 쓰지 말고 맥주나 마시자며. 그런 시간이 한동안 흐른 후 여직원들도 시큰둥해졌는지 한참 날을 세울 때와는 달리 업무적으로나마 물어볼 건 물어보고 내키지 않아도 간간이는 밥 먹는 자리에 나를 부르곤 했다. 그렇게 어느 순간 나를 왕따 시킨 적 없다는 듯이 유야무야 나의 왕따는 종결되었다.

그런데 다 지나고 나서, 그리고 다 내려놓고 나서 보니 내가 미울 법도 했다는 생각이 든다. 모든 여직원들이 다 똑같은 수위로 나를 미워하지는 않았을 터! 그나마 말이 좀 통할 것 같은 여직원을 찾아가서라도 왜 나를 미워하는지, 나의 어떤 면이 거슬리는지 물어봤을 수도 있다. 그게 화해의 제스처가 될 수도 있었을 것이다. 굳이 누군가를 향해 미안하다고 직접적으로 말하지 않는다 해도 말이다. 그러나, 나는 떼거지로 나를 바보 만들고 미워하는 그들을 용서할 수가 없었다. 비겁하게 느껴졌다. 그래서 더더욱 뒷목에 힘을 주고, 나도 당신들을 무시할 거야 하는 듯한 도도한 모습으로 임했다. 즐거운 듯 남직원들과 더 자주 어울렸고 그런 와중에도 윗분들께 예쁨을 받았다. 우습지만 가만히 생각해보니 내가 봐도 '재수 없는' 캐릭터였을 듯하다. 그 당시에는 그렇게 인정하고 싶지 않았던 것들이 퇴직을 하고 뒤돌아보니 그랬을 수도 있었겠구나 싶다.

나는 적어도 나쁜 사람은 되지 말자는 나 나름의 기준을 가지고 스스로를 많이 채찍질하며 살았다. 몸이 아프면서도 애써 출근해서 일을 한 것도 나 나름의 채찍질이었다. 왜 그런 강박관념을 가지게 되었는지 나 스스로도 모르겠으나 죽을 만큼 아픈 게 아니면 꼭 출근을 해야 한다고 생각했다. 너무 힘들면 출근했다가 양해를 구하고 휴가를 내는 게 당연한 것이었다. 내 기준으로는 그렇게 하는 게 직장인으로서의 당연한 태도였다. 정말 너무 안 좋아 출근을 못 하게 되는 상황이면 최대한 빨리 상사에게 보고하고 나의 부재로 인한 불편함을 최소화하는 게 예의라고 생각했다.

회의에 들어가서 늦게 나오는 부서장을 기다려 같이 점심을 먹는 나를 보며 한 여직원은 '고양이 같다'라고 했다. 무슨 의미일까? 고양이? 어쩐지 좋은 느낌은 아닐 것 같았다. 내가 무슨 의미인지를 묻자,

"고양이 안 키워봤어? 고양이는 높은 곳에서 떨어져도 절대로 안 다쳐. 떨어지는 그 순간에 몸을 뒤집어서 안전하게 착지하거든. 네가 딱 그렇다고. 넌 아무리 이상한 부서장이 와도 절대로 미움받을 일은 없겠다."

그게 나쁜 것인가? 부서장을 혼자 식사하게 하는 건 예의가 아닌 것 같아 나의 불편함을 감수하면서 기다리고 함께 식사하고 하는 것이 그게 나쁜 행동인가? 한번 입장을 바꿔서 생각해보자. 내가 회의에 들어가서 길어지는 통에 점심시간이 한참 지난 뒤 나왔을 때 그때까지 누군가 기다렸다가 같이 식사하러 가준다면 얼마나 반갑고 고맙겠는가? 회의 끝내고 나왔는데 다들 밥 먹으러 가버리고 나 혼자 뒤늦게 점심을 먹게 된다면 너무 슬플 것 같다. '나를 좋아하는 사람이 아무도 없구나.' 하고 말이다. 나는 그래서 애써 취한 행동이었는데 당신들은 그런 나를 왜 비아냥거리는가? 당신이 싫고 귀찮아서 하지 않은 것을 내가 했을 뿐인데 그런 나를 애썼다고 말해주지는 못할망정 왜 비난하는가 말이다.

초과근무를 할 때도 마찬가지다. 항상 늦게 가는 부서장 때문에 모든 직원이 항상 거기에 얽매여 있을 필요는 없다. 다만, 갈 때 가더라도 정정당당하게 먼저 퇴근하겠다고 인사를 하고, 그래야 하는 이유가 있으면 그렇다고 얘기하면 될 것이다. 그때도 나에게 썩 기분이 좋지 않은 말을 하는 직원이 있었다.

"음, 훌륭해. 항상 그렇게 살아. 그렇게 열심히 살아서 꼭 출세해. 알았지?"

이건 또 무슨 말인가? 당신들은 늦게까지 남아서 툭툭 일을 던지는 부서장이 싫었던 것이고 그래서 나한테 PC를 꺼달라며 일찍 가버리지 않았는가? 나가서 즐거운 저녁 시간을 보내지 않았는가? 그러면서 왜 또 나를 비난하는가?

그랬다. 나는 나 때문에 다른 사람들이 기분 상하는 일은 만들고 싶지 않았다. 오히려 나로 인해 기분이 좋아진다면 불편함을 감내하고서라도 그렇게 하려고 했다. 그랬던 나의 행동들은 동료들에게 아부이고 아첨처럼 보였던 것이다. 고양이 같다는 둥 그렇게 살아서 꼭 출세하라는 둥…… 그들에게 나는 윗분에게 잘 보이려고 갖은 애를 쓰는 기회주의자로밖에 보이지 않았던 것이다. 내가 남아서 희생함으로써 자기들이 즐거운 점심시간과 즐거운 저녁 시간을 보낼 수 있었을 텐데도 그런 내가 고맙기보다는 밉상이었던 것이다.

　지나고 나니 보인다. 그때는 그렇게 억울했던 일들이 지나고 나니 일부분 이해가 되는 면이 생긴다. 나를 얼마나 바보라고 생각했을까? 그렇게 한다고 특별히 더 좋게 평가받고 더 빨리 승진하는 것도 아닌데 뭐하러 저럴까 하고 속으로 놀렸을 수도 있겠다 싶다. 그렇게 나의 진심들이 왜곡되긴 했지만 그들의 입장에서는 나의 행동들이 눈엣가시이고 세상 꼴불견이었을 수도 있겠다 싶다. 뭐 어쨌거나 그래도 나는 내가 한 행동들이 나쁘다고는 생각하지 않는다. 다 내려놓고 나니 이제 왜 그들이 나에게 그랬는지 이해는 할 수 있을 것 같다는 생각이 들 뿐이다.

03

노력했다고 반드시 보상받는 것은 아니다

코로나로 '집콕' 생활이 2년째 이어지고 있다. 나도 가급적 외출은 자제하는 편이고 쇼핑도 대부분 인터넷으로 한다. 내가 인터넷 쇼핑을 하는 이유로, 우선 차가 없다는 근사한 핑계가 있다. 우리 집 근처에는 걸어 다닐 만한 마트가 없다. 편의점은 좀 있지만 편의점에서 야채며 과일이며 식료품들을 사는 데는 한계가 있다. 그렇다 보니 자연스럽게 인터넷 쇼핑을 자주 하게 된다. 발품 팔고 돌아다니면 얼마든지 좋은 상품을 싸게 구할 수도 있을 것이다. 그러나, 인터넷에서 한 번에 비교구매 하는 게 오프라인 매장 한군데 가서 사는 것보다 훨씬 저렴하게 잘 살 수 있다는 게 나를 합리화하는 변이다. 규모가 큰 쇼핑몰은 적은 월 회비만으로 택배비 부담 없이 물건을 살 수 있는 서비스를 제공하기도 한다. 그러니 차도 없는 내가 무겁게 물건을 들고 다니지 않아도 우리 집 현관문 앞까지 배달해주는 인터넷 쇼핑을 이용하는 게 자연스러운 습관이 되었다.

인터넷 쇼핑이 많아지면서 급속도로 팽창한 직업이 '택배기사'다. 나와 같은 인터넷 쇼핑족들이 많아지다 보니 배달 물량이 많아지는 건 당연지사다. 비단 나처럼 그럴싸한 핑계를 가진 사람이 아니더라도 코로나 상황에서는 평소 온라인 쇼핑을 하지 않던 사람들도 구매 방법을 변경하는 게 일반적이다.

그래서인지 요즘 택배기사들의 파업 및 회사를 상대로 한 소송 소식을 많이 접하게 된다. 가장 안타까운 일은 과도한 배송 물량에 따른 과로사 기사를 보게 되는 때이다. 대형 유통사인 C 쇼핑몰은 택배기사를 전원 정규직으로 전환하기도 했다. 그리고 'C 맨'이라고 불렀던 호칭도 'C 친구'로 변경했다. 나도 행여 반품이 발생할 때에는 반송 박스 위에 'C 친구님 오늘도 감사합니다. 건강 유의하세요'라고 써 붙였다. 얼마나 고마운 일인가? 나를 대신해서 물건을 가져다주고 가져가고 하니 말이다.

택배기사들이 서로의 의사소통 공간으로 이용하는 채널 중 '택배기사 소통 카페'라고 하는 곳이 있다. 서로서로 인사를 나누며 동기 부여를 하기도 하고 택배 일을 위한 물품을 사고팔기도 했다. 그리고 서로의 애로 사항을 나누며 함께 문제점을 해결하기도 하고, 세계 통합물류 핫이슈부터 함께 보고 싶은 정보까지 실로 방대한 내용을 다루고 있었다. 카페에 따르면 택배기사의 평균 수입은 월 4백만 원 정도로 추산되었다.

보통 하루에 200개 정도를 배송할 수 있다고 한다. 건당 수익금은 800원. 그럼 하루에 16만 원 정도의 수익을 얻게 되는 것이고, 매주 일요일은 택배 업무를 하지 않으니 월 25일로 계산할 경우 4백만 원 정도가 산출된다. 어찌 보면 많다고 느껴지는 금액일 수도 있다. 그러나 그건 그들의 하루 일상을 모르고 하는 얘기다. 보통 택배기사의 출근은 아침 6시 30분에서 7시 사이이다. 그때부터 물류센터에서 택배 물품들을 차에 싣고 하루 종일 뛰어다닌다. 끼니는 거의 간편식이라고 한다. 아침에 택배차에 물건을 싣고 나서는 간단하게 컵라면 등을 먹고 배송 중에는 차 안에서 먹으며 이동 가능한 간편식을 먹는다. 그들에게 정해진 퇴근 시간은 따로 없다. 그날 차 안에 실린 모든 물품 배송이 완료되어야만 집에 가서 지친 몸을 뉠 수 있는 것이다. 평균적으로 저녁 7시에 배송이 끝난다고 가정해보자. 아침 7시에 출근을 했다 해도 하루 근무시간 12시간이다. 월 25일 산정 시 300시간을 일하게 된다. 주 52시간을 근무하는 사무직 회사원들은 4주 감안 시 208시간이다. 간단한 셈만으로도 벌써 92시간이라는 엄청난 차이가 발생한다.

만일 당신에게 월 400만 원을 줄 테니 300시간씩 근무하며 택배기사 일을 하겠느냐고 물으면 선뜻 그러겠다고 할 수 있겠는가? 식사도 제대로 못 하고, 화장실도 제대로 갈 수 없는 상황에서 하루 종일 뛰어다녀야 하는 직업인데 말이다. 이 상황에서 택배기사들이 노력한 만큼 보상을 받는다고 말할 수 있겠는가? 언론을 통해 접하게 되는 그들의 농성이나 시위에 공감하게 되는 이유이다.

그런 면에서 20~30대 청년들의 어려움도 간과하기가 어렵다. 우리나라에는 '청년기본법'이라는 법이 있다. 이 법에서는 청년의 범위를 만 19세~만 34세까지로 정하고 있다. 청년의 고용 촉진, 일자리의 질 향상, 창업 및 능력 개발 지원, 복지 증진, 금융 생활 및 문화 활동 지원 등 청년의 권익 증진을 위해 국가나 지자체가 그 대책을 마련해야 한다는 내용이 명시되어 있다.

'대학 내일 20대 연구소'라는 사이트가 있다. 동일한 이름으로 SNS도 운영하고 있다. 홈페이지에 들어가 보면 '국내 최초, 국내 유일의 20대 타깃 전문 연구기관'이라고 되어있다. 여기에 있는 '2019 대한민국 20대 불만 TOP 8 심층취재·연구'라는 보고서에 눈길이 갔다. 20대의 첫 번째 불만은 '신입 채용에 왜 경력을 묻나요?'였다. 너무도 와닿는 내용이었다.

얼마 전 나는 아들과 함께 공공기관 체험형 인턴 응시원서를 함께 작성했다. 그러면서 위의 내용과 똑같은 불만을 토로한 경험이 생생하다. 공공기관에서 채용하는 인턴의 유형은 체험형과 채용형이 있다. 체험형은 고졸 이상이면 응시할 수 있었고, 채용형의 경우 대졸이거나 졸업 예정자가 대상이었다. 나의 아들은 막 대학을 입학한 상태에서 휴학을 하고 있었으므로 체험형 인턴에 응시할 수 있었다.

그러나, 응시원서를 쓰면서 분통이 터졌다. 외국에서 4년간을 공부하고 왔지만 공인된 성적이 없으면 어학 능력은 없는 것이나 다름없었다. 더구나 관련 학과를 내용으로 경력을 기재하는 부분이 있었다. 아니, 고졸인 젊은 아이들을 채용하겠다면서 관련학과 경력은 무슨 말인가? 반드시 대학을 다니고 있다는 전제에서 나온 발상이 아닌가? 어학이야 그렇다고 치자. 객관적으로 그 능력을 증명해주는 무엇인가가 필요하기 때문에 어쩔 수 없다고 말이다. 그런데 관련 학과 경력이 말이 되는가? 더구나 이런 항목들에 가점을 후하게 주고 있으니 아이들은 도대체 공부 외에 또 얼마나 많은 것들을 해야 한단 말인가? 공공기관 체험형 인턴에 응시하기 위해서는 그 외의 다른 곳에서 미리 경력을 만들어 가지고 와야 한단 말인가? 기막힌 일이 아닐 수 없다.

20대의 불만 중 세 번째는 '청년은 체감 못 하는 일자리 예산'이었다. 불만의 가장 큰 이슈는 '20대가 잘 알지도, 받지도 못하는 정부 일자리

예산'이었다. 두 번째 이슈는 '실질적인 취업 지원보다 지표·실적 위주의 정책 집행', 그리고 마지막 이슈는 '실효성도 지속성도 없는 단기 일자리 양산'이었다. 정부 정책의 폐해를 여실히 지적하고 있었다. 상기 청년법에서 정한 내용을 잘 좀 실행하라는 젊은 청년들의 신사적인 야유였다.

현대의 청년들을 MZ세대라 부른다. 이들만큼 학창 시절을 열심히 보낸 세대가 또 있을까 싶다. 그들에게 학원은 초등학교 입학하기 전부터 다니기 시작해서 대학교 생활 중에도 계속 다녀야 하는 곳이었다. 40대 후반인 나의 세대에는 학원은 고등학생 때까지 다니는 곳으로 여겼다. 지성인인 대학생이 언제까지 주입식 교육인 학원에 다녀야 하나 생각했기 때문이다. 그러나 MZ세대들은 취업을 위해서 학교에서 배우는 지식 외에 또 다른 지식을 쌓아야만 하고 그러려면 학원에 다녀야 한다. 그럼에도 불구하고 취업의 문이 더욱 좁아지고 있어 이들의 고생은 이루 말할 수가 없다. 한 언론사에서는 최근 3년을 '고용 참사의 시기'라고 표현하기도 했다. 그만큼 취업이 힘들다는 것이다.

MZ세대에게 얼마나 억울한 일이겠는가? 유치원 다닐 때부터 열심히 살아왔는데 노력한 만큼의 보상은 어디에서 받는단 말인가? 어차피 이렇게 아무 곳에서도 보상받을 수 없다면 그냥 편하게나 살 것이라며 열심히 뒷바라지해 준 부모를 원망할 것인가? 이렇게 힘든 그들에게 고민 상담의 대상을 물으니 대부분 '친구'라고 답했다. 상담을 받는 목적은 고민의 해소가 목적일진대 같은 고민을 하고 있을 친구에게 어떤 해결방안이 나올까? 서로 마음을 나누며 함께 위로해주는 일 외에는.

세상은 노력한 만큼 모두 돌려주지는 않는 것 같다. 노력과 운과 그리고 제반 여건들이 맞아떨어질 때라면 모를까. 세상을 향한 원망의 마음이 생길 때, 그런 일이 비단 나에게만 일어나는 일은 아니라는 것을 상기할 수 있는 마음의 여유를 갖고 살 수 있으면 좋겠다.

04

나는 나 자신을 지킬 권리가 있다

한 무리에서 동떨어지지 않기 위해서는 그들과 동색이어야 하고 그들과 동질해야 한다. 그렇지 않으면 튀는 사람이 되고 불편한 존재가 되어버린다. 사회는 어쩌면 유사한 성질들로만 뭉친 사람이 되라고 우리에게 요구하고 있는지도 모른다. 그럼에도 불구하고 우리는 가장 나다워지기 위해 필사적으로 발버둥 친다. 작가 강상원 님의 말을 빌려 보면 "평범함의 반대말은 화려함이 아니라 바로 나다움이다. 오직 나만이 가지는 나다움을 잃어갈 때 우리는 평범해진다."라고 하고 있다. 평범하다는 이야기는 다른 사람과 차별화되지 않는다는 의미를 가지고 있다. 나를 차별화 시키고 싶다면 나다움을 찾아보자.

남자들도 그런 성향이 두드러지는지 모르겠으나 여자들은 감정에 의한 동질성과 이질성을 굉장히 잘 구분한다. 나와 다른 사람을 걸러내는 데 탁월한 능력이 있다. 마치 태어날 때부터 알고 있는 것 같다.

여직원 중에 '4차원적이다'라는 말을 듣는 사람이 있었다. 내가 보기에도 그녀의 의식세계는 좀 독특해 보였고 일상생활에서도 그런 양상을 나타내곤 했다. 여자들은 감성이 풍부해서 그런지 공감대 형성이 잘된다. 어느 한 주제의 이야기가 나오면 금방 그 의견에 일치하는 모습을 보이는 경향이 두드러진다.

그날도 몇 명의 여직원이 커피를 마시며 인터넷에 뜬 한 남자 연예인의 연애 폭력에 대해 비난을 퍼붓고 있었다. 마치 자신에게 일어난 일이라도 된 듯 거친 욕설까지 나오고 있는 중이었다. 그런 상황에서 4차원 그녀의 난데없는 말에 순간 기막힌 표정이 되고 말았다. 맞은 여자 연예인이 그런 상황을 만들었을 수도 있는 거 아니냐고, 때린 남자 연예인도 사정이 있을 거라고. 순간 남자 연예인의 가족인가 싶었다. 이런 식으로 그녀는 주제에서 겉돌 때가 많았다. 어떠한 경우에도 폭력은 정당화될 수 없기에 대화는 폭력에 포커싱되어 있었지만 그 여직원은 대화를 따라오지 못했다. 그런 일이 반복되면서 무리에서 배제되어 갔다.

그렇지만 그 여직원이 나쁜 사람은 아니라는 게 내 생각이었기에 같이 밥을 먹기도 하고 가끔은 차도 마셨다. 나도 한때는 무리에서 배척당해본 경험이 있어 솔직히 나라도 그 여직원을 챙겨주고 싶었다. 그러던 중 그 여직원과 친하냐며 물어오는 직원이 있었다. 묻는 이유를 알 수 없었지만 그냥 웃고 말았다. 그 일이 있은 후 나중에 알고 보니 내가 그 여직원과 어울린다는 이유로 나 또한 무리에서 배제되고 있었다.

　도대체 이게 뭐란 말인가? 나와 다르면 다름을 인정해주면 되지 않을까? 모든 사람이 다 획일적일 필요는 없을진대 자꾸만 사람들은 자기와 같지 않으면 무리에서 떨어뜨리고, 섞이고 싶다면 똑같아지라고 주문한다. 나는 그런 사고가 너무 싫었다. 4차원 그녀가 좋았다기보다는 적어도 그녀를 배제하는 다른 여직원들과 같은 사람이 되고 싶지는 않았다.

　언제부터인가 차라리 혼자인 것이 편했다. 부대끼며 신경 쓰고 스트레스받을 바에야 내가 그냥 그들을 놓는 게 홀가분하다는 생각이 든 것이다. 내키지 않는데 그 무리에 섞이기 위해 굳이 누군가와 같아져야 할 이유는 없다. 나는 그냥 나로 살면 되는 것이다.

　'유행'이라는 말을 생각해본 적이 있는가? 언젠가 교육을 받으러 갔을 때 강사가 우리에게 던졌던 퀴즈가 있다.

　"애니어그램이라는 툴로 사람의 유형을 분석하면 머리형, 가슴형, 배형으로 나눌 수 있습니다. 머리형은 스마트하고 기획적이며 시크한 성향이고 가슴형은 둥글둥글 따뜻하며 공감 능력이 뛰어난 사람이 많습니다, 배형은 카리스마가 있고 원칙주의자들이 많은데요, 그럼 여기서 퀴즈! 국민성으로 볼 때 우리나라 국민은 어떤 유형일까요?"

다들 머리를 조아리며 모르겠다는 눈치들이다. 그러자 강사가 말하길,

"정답은 배형입니다. 의아하시죠? 우리나라 국민성은 온화하고 따뜻하고 공감 능력도 뛰어난 듯 보이는데 말이지요. 그런데 배형이라고 하는 이유가 있습니다. 아주 적합한 예로 '붉은악마'가 있습니다. 세계적으로 '붉은악마'와 같은 응원을 한 나라는 없었습니다. 두 번째 예로 유행을 보면 알 수 있습니다. 무엇인가 좋다는 말이 나오면 우리나라 국민들은 그걸 안 갖고는 못 배기는 성격입니다. 으샤 으샤, 나도 나도, 정신이 투철한 것이죠."

그럴 듯했다. 나는 유행에서 우리나라 국민성이 배형임을 강하게 공감할 수 있었다.

조카가 고등학교에 다닐 때였다. 많은 학생들이 '노스페이스'라는 브랜드의 패딩을 입고 다녔다. 대부분이 검정색이었고 간간이 빨간색이나 흰

색이 보였다. 내가 보기엔 그 패딩을 입으면 사람이 '미쉐린' 같아 보였다. 하지만 학생들은 하나같이 그 패딩을 선호했고 급기야 나의 조카도 언니를 졸라 구입했다. 처음 샀을 때 얼마나 애지중지했는지 모른다. 그야말로 대유행이었던 것이다. 좀 특이한 부분이 없지 않았다. 노스페이스라고 하는 로고가 영문으로 왼쪽 앞가슴 쪽에도 박혀 있었고, 뒤쪽으로 오른쪽 어깨에도 수놓아져 있었다. 앞에서 봐도 뒤에서 봐도 노스페이스인지 금방 알 수 있었다. 그전까지는 옷의 뒤판에 그것도 어깨 부분에 로고를 박는 일은 흔치 않았다.

그 이후로 아웃도어 룩이 온 나라를 휩쓴 적이 있었다. 기능성 스포츠웨어라 면 소재는 아니었고 아웃도어의 특성상 알록달록 상당히 화려했다. 그 당시에는 광고 문구도 실내에서든 실외에서는 어디서나 즐겨 입는 옷이라고 강조했다.

이와 관련 재미있는 에피소드가 있다. 나와 남편 그리고 아들과 조카 등 몇 명이 프랑스 여행을 갔을 때였다. 지인이 파리에서 비즈니스 불어 통역을 하시는 분이 있었는데 우리는 그분께 우리의 현지 가이드를 요청해서 같이 여행을 다녔다. 여행 첫날 그분이 우리에게 요청하길 제발 아웃도어 옷은 입지 말아 달라는 것이었다. 다행히 우리 가족은 아웃도어 룩을 썩 좋아하지 않았고 여행 옷으로 가지고 가지도 않았다. 왜 그런지 그 이유를 물으니 프랑스 사람들이 우리나라 국민을 '앵무새'라고 부른다는 것이다. 왜 모두 알록달록한 아웃도어 의류를 입고 여행 오는지 매우 궁금해한다며 좋은 의미로 그렇게 부르는 것은 아니라고 했다. 정말 그 당시에는 아웃도어 옷을 입는 사람이 매우 많았고 심지어는 출근할 때 입는 사람들도 있었다.

이렇듯 유행은 모든 사람을 획일화시킨다. 유행을 따르는 이유는 자신도 같은 류의 사람임을 확인하기 위해서이다. 그래야 사회적 동물인 내가 사회에 부합된 것처럼 인식되기 때문이다. 나의 개성보다는 소속감과 유사성을 갖는 것이 더 중요하다고 인식된 사고이다. 어쩌면 유행은 외로움을 거부하는 사람들의 대표적 집단의식이 아닐까 싶다. 유행을 따라가지 못한다는 것은 자신만 그 무리에 끼지 못한다는 느낌이고 그래서 외롭다는 인과관계로 이어진다. 이런 생각은 낮은 자존감에서 기인한다. 만일 자신이 '나는 유행을 따르지 않더라도 충분히 남들보다 멋지고 개성 있다'라는 높은 자존감을 가지고 있다면 결코 그 획일화의 행렬에 끼어들지 않을 것이다. 스스로에게 자신이 없다 보니 그렇게라도 동일한 존재로서 끼어 있고 싶은 것이다. 유행에 따르지 않는다는 것! 그것은 자존감이 높은 사람에게는 고립이 아닌 내가 스스로 선택한 독립인 것이다.

자신감을 잃은 나머지 자존감마저도 낮아져 버린 사람들을 위한 자기계발 서적이 많이 있다. 그중 나는 '나폴레온 힐'의 말에 많은 위로를 받았다. 특히 그의 책『나폴레온 힐의 인생 수업』에 있는 귀중한 글귀 몇 개를 나누고자 한다.

"자신을 남과 비교하지도 말고 남을 마음대로 판단하지도 말라. 누구도 타인을 완벽히 알지 못한다"

"아무도 나를 위해 대신 길을 걸어 줄 수 없다. 그 길은 오직 나만이 걸어갈 수 있는 길이다"

"내 인생을 타인에게 맡기지 마라"

나의 생각을 공고히 하자. 나는 나일 뿐 그 누구에게도 소유된 사람이 아니다. 내 생각대로 내 주관대로, 다른 사람과 같아지기 위한 일에 힘쓰지 말자. 나에게는 나 자신을 지킬 권리가 있음을 확실하게 내세우자.

05

내가 나를 정의하지 않으면 남이 나를 정의한다

사람들에게 미소는 어떤 의미일까? 내가 느끼는 미소는 말하기의 대신이다. 미소는 많은 의미로 사용될 수 있는 강력한 도구이다. 누군가의 말에 긍정도 부정도 아닌 단지 들었다는 의미로, 찬성도 반대도 아닌 다만 당신의 생각을 알았다는 의미로. 이렇게 말하기 곤란할 경우 우리는 미소를 짓는다. 그 해석은 받아들이는 사람의 몫이다. 그리고 작은 행복을 접할 때나 뭔가 뿌듯한 일이 있을 때도 미소를 짓게 된다. 이는 미소의 참 의미가 담겨 있는 진정한 마음의 표현이다.

인간관계에서 미소는 주로 어떤 경우에 쓰이게 될까? 사람마다 각기

다른 양상을 띠겠지만 좋아하는 사람과 싫어하는 사람의 비율이 그 경우의 수를 좌우하게 될 것이다. 좋아하는 사람이 많을 경우 대개는 참 미소를 짓게 되겠지만, 피곤하고 힘든 인간관계에 놓인 사람이 많다면 해석의 여지를 남기는 애매한 미소를 짓게 되지 않을까?

나도 그랬다. 사회생활에서 만난 사람과 굳이 문제를 일으키기 싫으면 애매한 미소로 어물쩍 넘어가려고 했다. 그러나 그런 미소는 늘 해석의 여지가 남아 있기에 나의 발목을 잡는 경우도 발생했다.

누구나 자신만의 '수용의 한계치'가 마음속에 있을 것이다. 나의 수용의 한계치는 시간 계획 수립이 되느냐 되지 않느냐로 정해졌다. 내가 계획하지 못한 변수가 발생할 경우 나의 머릿속은 카오스 상태가 되었다. 아래의 사례를 보자. 인지하지 못했을 뿐 당신도 이런 경험을 했을 것이다. 그리고 지금도 이런 상황에 놓여 있을 수도 있다.

갑자기 기관장 특별 지시가 떨어졌다. 상사의 지시라는 게 대부분 그렇지만 특히나 기관장의 지시는 말 그대로 '자다가 봉창 두드리는 소리'인 경우가 많다. 보고를 받는 중에 갑자기 떠오른 생각을 보고자에게 지시하는 경우가 바로 그런 사례이다. 그날도 우리의 실장은 그렇게 자다가 봉창 두드리는 사안을 들고 내려왔다.

"원장님 특별 지시사항이니 잘 듣도록! 보고서 작성 기한은 3일인데 누가 작성해볼까?"

그러면서 지시사항 내용을 설명한 후 대상자 지명을 못 한 채 누군가하겠다는 대답을 기다렸다. 그러나 누가 하고 싶겠는가? 지금 내 일도 허덕이고 있는 판국에. 한참을 기다려도 선뜻하겠다는 지원자가 없으니,

"김미애 씨가 한번 해보지. 워낙 아이디어도 많은 데다 창의적인 업무하는 거 좋아하잖아?"

다른 동료들도 다들 좋아하는 눈치다. 당연하지 않은가? 골치 아픈 사안이 나 아닌 다른 사람한테로 넘어갔으니. 실장부터 모든 사람이 다 내가 하기를 원하는 눈치이니 막무가내로 못 한다고 할 수는 없었다. '우선 이번 건은 처리하고 다음부터는 못 하겠다고 하자.' 분명히 수용의 한계치를 넘어가는 상황이었지만 나는 입 한 번 뻥긋 못 하고 애매하게 웃어 보이고는 일을 떠안고 말았다. 그러나 그러면 안 되는 것이었다. 언제부터 그들이 나를 아이디어가 풍부한 사람으로 인정했으며 내가 창의적인 업무를 좋아한다고 누가 그랬단 말인가? 지금 이 상황을 해소하기 위한 사탕발림이 아닌가? 그런 사람들 앞에 나의 정확한 모습을 드러내기 위한 최소한의 저항이라도 했어야 했다.

"제가요? 제가 진짜 아이디어가 많고 창의적인 업무를 좋아해요? 지난번 혁신 TFT 구성할 때는 그렇게 말씀 안 하셨던 것 같은데요."

아, 이런 팩트 한 번 날려줬어야 하는데 그걸 못 하고 나는 또 일을 받고야 말았다. 원한다면 언제라도 나를 내려놓을 사람들에게 나는 최소한의 존엄성을 드러냈어야 한다. 누가 나를 그대들의 목적 달성 수단으로 이용해도 된다고 했는가? 그대들은 나를 모르지 않는가? 나의 모습은 내가 결정한다.

나는 언제나 옷차림에 신경을 많이 쓴다. 나의 성격이나 내면적인 부분뿐만 아니라, 나의 외모도 사람들에게 좋은 이미지이길 바라는 마음에서다. 옷차림에 신경 쓰고 자기 자신을 가꾸는 것은 여러 면에서 스스로에게도 성장의 요인이 된다.

첫째, 부지런한 사람이 된다. 직장인에게 아침 시간 10분은 다른 하루와도 맞바꿀 만큼 달콤하고 유혹적인 시간이다. 집에서 나가기 전 내가 만족할 정도의 매무새를 완성하려면 상당한 시간이 필요하다. 남들이 10분만 10분만 하는 그 꿀이 뚝뚝 떨어지는 시간에 나는 일어나서 나의 외모를 가꿔야 한다.

둘째, 자신감이 생긴다. 내가 만족할 정도면 게임 끝난 거다. 다른 사람들이 나에 대해 뭘 아는가? 나를 가장 잘 아는 것은 나 자신이고, 나에 대한 최고의 전문가인 내가 '엄지척'을 해준 것이다. 그보다 더 기분 좋은 게 어디 있겠는가? 스스로 만족한 상태인데 쭈글쭈글 하루를 웅크릴 필요 없다. 나에게 만족한 나는 어깨가 쫙 펴지고 걸음이 당당해진다. 머리에 새집 짓고 죽상인 다른 사람들과는 비교도 안 되는 것이다.

셋째, 감각적이고 센스 있는 사람이 된다. 세상에는 나를 돋보이게 해줄 최고의 도구들이 널려 있다. 우리나라는 동남아나 극지방과는 다르게 1년이 4계절씩이나 된다. 이건 절호의 찬스다. 자연스럽게 나에게 변화를 줄 수 있는 신의 선물인 것이다. 계절의 변화에 맞춰 다양하게 나를 연출할 수 있다. 계절의 변화만큼이나 변화무쌍한 디자인들이 속속 출시되니 이는 모두 나의 감각을 키워주는 훌륭한 환경이다. 자연에 순응하고 환경에 적응하는 것만으로도 나는 이미 멋진 '셀럽'이 되어 있다.

한번은 직장 내 행사에 사회를 맡게 되었다. 최대한 커리어우먼 룩으로 갖춰 입었다. 검정색 원피스에 하얀색 재킷, 그리고 그에 어울리는 검정색 구두. 그때는 헤어스타일도 짧은 단발일 때라 그야말로 포멀한 차림이었다. 행사를 마치고 그냥 옷을 갈아입기가 아쉬워 후배들과 사진을 찍어 카카오스토리에 올렸다. 집안 행사가 아니면 거의 만날 수 없는 사촌 언니가 그 모습을 보고는 완전 아나운서 같다, 정말 잘 어울린다, 딱 네 이미지와 맞는 차림이라며 칭찬을 퍼붓고 갔다. 기분이 참 좋았다. 공식 행사의 사회를 하는 옷차림이었으니 아나운서 같다고 하면 제대로 입은 것이 아닌가?

반대의 경우도 있었다. 평소에는 단색 위주로 많이 입는데 그날은 기분도 자꾸 가라앉고 나 나름의 기분 전환용으로 화사한 꽃무늬 스커트를 입고 출근했다. 대부분의 사람은 좋아보인다, 화사한 게 오히려 더 잘 어울린다 등 긍정의 말을 해주었는데 이를 비아냥대는 사람들도 있었다.

"어제 프로젝트 발표 잘 안 된 것 같던데……. 옷차림만 보면 이미 성공한 줄. 시선 집중 받는 거 엄청 좋아하나 봐?"
"월급 타서 옷 사는 데 얼마나 써요? 거의 반은 들어가는 것 같은데. 아껴요. 나중에 후회하지 말고."

무엇이든 열심히 할 때, 그리고 그것이 다른 사람에게 피해를 주는 일이 아닐 때 그게 무엇이든 인정받아야 마땅하다. 당신은 무엇으로 그렇게 열심이었는가? 당신이 하지 못한 것을 남이 해낼 때 그때는 아낌없이 박수를 보내줘야 한다. 그게 대인배의 모습이다.

이제 누군가 나에게 무례하게 하거나 말도 안 되는 얘기를 할 때 그냥 어물쩍 미소로 넘기지 말자. 나는 나만의 기준으로 열심히 내 삶을 채워

가고 있다. 그들이 이러쿵 저러쿵 나에 대해 평가하고 가치를 하락시킬 권리는 없다. 나는 내가 정의한다. 배우 이영애 씨가 영화 〈친절한 금자씨〉에서 던졌던 근사한 대사가 떠오른다.

"너나 잘하세요~"

06

겉으로 보이는 것에 가치를 두지 말자

작년에는 우리나라 산업계에서 두 개의 큰 별이 지는 일이 있었다. 1월에는 롯데그룹 신격호 회장의 부음 소식이 있었고, 10월에는 삼성그룹 이건희 회장의 부음도 있었다. 남과 같지 않은 삶을 산 사람들이었기에 사후 그들의 유언이 사람들에게 큰 관심을 불러일으키기도 했고 그들의 생활 신조가 여기저기서 보여지기도 했다. 그중 나는 롯데그룹 신격호 회장의 신조가 마음에 와닿았다. 그의 신조 여섯 번째! '거화취실(去華取實) – 화려함을 멀리하고 실리를 취한다'라는 의미라고 한다. 그는 한창 사업이 활성화되었을 때도 수행 기사 없이 직접 운전을 하고 다닐 정도였다고 한다. 혹자는 돈 많은 사람이 뭐 그렇게 궁색하게 살았냐고 할 수도 있겠지만, 날이 갈수록 보이는 것에 무게감을 두는 요즘 사회에 잔잔하게 귀감이 되는 모습이 아닐까 한다.

나에게는 '동병상련의 벗'이 두 명 있다. 내가 동병상련의 벗이라 칭하는 이유는 정말 몸이 아파서 병원에 다니다가 가까운 사이가 되었기 때문이다. 병원이 아닌 다른 곳에서 만났더라면 감히 벗이라 할 수 없을 만큼 나이 차이가 많이 나는 벗도 있다. 하지만 벗은 진정 마음을 나눌 수 있는 사람이라면 그 누구라도 될 수 있는 것 아닐까? 우리는 마음을 나누는 사이가 되었고 그러자 그녀들의 깊은 사생활까지도 알게 되었다. 세상은 그녀들에게 '이혼녀'라는 딱지를 붙여놓고 있었다.

병원에서 만났을 때 눈인사만 건네던 음식점 사장님 'J'. 그녀는 나와 12살 차이가 난다. 내가 쉽게 다가갈 수 있는 사람은 아니다. 병원에서 만날 때마다 깍듯하게 인사하고 'J사장님'이라고 불렀다. 그랬던 그녀가 지금은 나의 벗이 되어 있다. 그녀의 격의 없는 성격은 나처럼 나이 어린 사람도 기꺼이 편안하게 대해주었다. J사장님이 뭐냐며 그냥 언니라고 부르라 했다. 처음엔 차마 입이 떨어지지 않았지만 언니라고 부르기 시작하자 놀랍게도 빠른 속도로 가까워질 수 있었다.

그녀는 건강이 좋지 않아 결국 하던 음식점을 접었다. 내가 객관적으로 보니 그녀는 힘들 수밖에 없는 음식 장사를 했다. '모든 음식을 내 식구가 먹는 것처럼 만들겠다.' 얼핏 들으면 요식업 하는 사람이 당연히 그런 마인드를 가지고 있어야 하지 않겠느냐 말하겠지만 결코 그렇지 않다. 세상에는 빠르게 동일한 품질로 음식을 해낼 수 있는 재료들이 정말로 많다. 그런데 그녀는 그런 방법을 채택하지 않은 것이다. 요즘 흔히 말하는 '파인 다이닝'의 형태로 장사를 했다면 가능했을 것이다. 하지만, 그녀의 음식점은 영등포구 신길동의 주택가 동네 음식점이었다. 동네 사람들이 밥하기 귀찮을 때 나와 먹을 법한 음식점에서 내 가족이 먹게끔 만들겠다는 너무도 순수한 의욕을 가지고 장사했던 그녀. 가게를 키우겠다는 사업가적 기질은 아니었던 듯하다. 우리가 다니던 병원의 원장님도 J언니 식당의 손님이었는데 원장님은 사정을 아시고는 무료로 치료를 해 주셨다.

한동안의 치료 후 그녀는 다시 직장을 잡았다. 사회복지시설에서 운영하는 덮밥집이었다. 요즘처럼 더운 날이면 나는 그녀가 그곳에서 일할 때가 생각난다. 아무리 에어컨을 강하게 틀어도 주방 안까지 시원할 수는 없는 노릇. 더구나 화기를 다뤄야 하는 일이다 보니 몸에서는 줄줄 땀이 흘러 목에 항상 수건을 두르고 있어야 했다. 그렇게 한 끼 전쟁을 치르고 나면 수건이 흠뻑 젖는다 했다. 내가 너무도 놀라운 건 그녀의 긍정 에너지다. 그녀는 덮밥집에서 일할 때 수시로 나에게 문자를 보냈다. 새롭게 배우는 음식이 있으면 나한테 한번 만들어 보라며 레시피를 꼼꼼히 적어 보냈다. 그녀가 보내오는 레시피에는 그 음식을 배우면서 얼마나 즐거워했는지의 느낌이 여실히 담겨 있었다. 보는 동안에 웃음이 피어날 정도였다. 그 더운 공간에서 새롭게 뭘 한다 한들 재미있을까 싶었지만 그녀는 자신이 운영했던 백반집 메뉴와는 다른 새로운 메뉴들을 익히는 데 그렇게 즐거워하고 있었다.

내가 그녀를 우러러보는 이유는 또 있다. 덮밥집의 주방은 그녀의 살림 공간이었다. 그해에도 이번 여름처럼 더웠다. 다른 직원들은 어떻게 하면 더운 공간을 벗어날까 궁리했지만 그녀는 주말에도 덮밥집에 나갔다. 손님이 없는 날 냉장고를 청소하고 주방 도구들을 소독하기 위해서였다. 나는 제발 그러지 말라고 말렸다. 나의 벗이 너무 힘들 것 같아 마음이 안 좋았다. 그걸 누가 알아나 줄까…… 그렇게 본인이 최선을 다해 번 돈의 일부를 떼 내어 치료해주신 원장님께 송금하는 그녀. 참으로 고단한 날들을 살고 있으면서도 그녀는 은혜를 잊지 않고 있었다. 원래 머리 검은 짐승은 거두는 게 아니라는데 'J' 그녀는 검은 머리 짐승이 아닌가 보다. 항상 모든 일에 진심인 그녀의 삶에 정당한 보상이 주어지길 진심으로 바란다.

또 다른 나의 벗 'K'. 얼핏 보기에 그녀는 상당히 화려하다. 심지어 성당에 갈 때도 찢어진 청바지를 입고 가서 사람들의 구설수에 오른 적도 있다고 한다. 하나하나 뜯어보면 뭐 대단히 화려할 것도 없는데 그녀는 평범한 옷도 눈에 띄게 만드는 독특한 면이 있었다. 모르는 사람들에게 나와 그녀 중 누가 더 말을 많이 하게 생겼느냐고 물으면 백이면 백 다 그녀를 지목할 것이다. 그럼에도 불구하고 그녀와 함께 있는 자리에서 계속 말을 하는 사람은 나였다. 업무 얘기, 동료 얘기, 가족 얘기, 친구 얘기. 말할 때는 인식하지 못하다가 어느 순간 돌아보면 나는 온통 내 밑바닥까지 드러냈고 정작 그녀는 듣기만 했다. 그렇게 화려해 보이는 그녀가 사실은 너무도 조용한 사람이었던 것이다.

　어느 날 그녀와 치료를 같이 받고 전철을 타고 집에 오는 길이었다. 내가 마음이 많이 혼란스러워 책을 읽고 있는데 책 속에서도 답을 찾을 수가 없어 속상하다고 말했다. 가만히 듣고만 있던 그녀가 고전을 읽어보라고 했다. 차분한 마음으로 고전을 읽으면 오래 마음속에 남고 교훈이 많다고 했다.

　그렇다면, 그녀는 고전을 읽고 있다는 반증이 아닌가? 그녀의 화려한 외모 어디에서 고전을 읽고 있을 모습이 그려진단 말인가? 그 말을 듣는 순간 머릿속에 휙 지나가는 느낌이 있었다. 내가 나의 속상한 상황을 주저리주저리 읊어댈 때 그녀는 가만히 동조해줬다. 그런데 그 동조가 겉으로 맴도는 어설픈 것이 아니라 내 느낌과 항상 일치했던 것이다. 묻지는 않았지만 그녀도 나와 같은 상황을 경험했나 보구나 느꼈었다. 그런데 생각해보니 어쩌면 그녀의 깊은 동조는 고전에서 얻은 것일지도 모르겠구나 하는 생각이 들었다. 그리고 어느 날 그녀의 집에 갔을 때 그것이 사실임을 알 수 있었다. 그녀는 친정 부모님과 두 딸과 함께 살고 있었다. 집은 온통 책 천지였다. 그녀의 아버지에게서 느껴지는 지긋한 학자의 이미지는 그녀가 깊은 고전을 읽고 있음을 충분히 느낄 수 있게 했다.

그녀의 가장 안 좋은 습관은 술을 너무 많이 마시는 것이다. '새 모이만큼 먹는다'는 표현은 딱 그녀를 두고 하는 말이다. 통 먹는 게 없었다. 오로지 술만 마셨다. 맥주도 있고 와인도 있고 많은데 그녀는 하필 소주만 고집했다. 음식은 손도 대지 않고 술만 마시고 있는 그녀의 모습에서 말할 수 없는 고뇌를 보기도 했다. 그냥 우리에게 털어놔도 되는데, 내가 그녀에게 하듯 다 토해내도 되는데 그녀는 그런 말을 하지 않았다. 도대체 그녀의 마음 깊이는 어느 정도이길래 토악질이 안 된단 말인가? 깊은 곳에 갇혀 썩고 있을 그녀의 상념들이 안타까웠다. 너무도 깊어 꺼내지 못하는 그녀의 무거운 마음이 안쓰러웠다.

그녀가 가끔 자기 속내를 드러내는 것이 있다. "미애는 좋겠다. 언니도 있고 여동생도 있고." 그게 다였다. 언니가 있고 여동생이 있으면 뭘 하고 싶은지, 어떤 게 하고 싶어 언니와 여동생의 존재를 찾는지 말하지 않았다. 그러나 느낌으로 짐작할 수 있기는 했다. 친정 부모님과 살면서,

어린 두 딸을 돌보면서 얼마나 나누고 싶은 이야기가 많겠는가? 언니와 여동생이 있다면 가슴속에 있는 말을 꺼내놓고 얼마나 많이 위로받고 싶겠는가?

그녀는 요즘 심리학 공부를 하고 있다. 고등학생과 중학생인 두 딸 뒷바라지를 하며 자신도 열심히 자기계발을 하고 있다. 어느새 심리상담사 3급 자격증도 땄다고 한다. 만일에 대비해 공부해놓는 것이라며. 마음껏 응원해줬다. 그녀의 마음의 깊이를 알기에, 그녀가 얼마나 다른 사람의 마음을 잘 보듬어 줄지 짐작이 가기에.

나의 직장생활 어디에서도 나는 'J'와 같은 순수한 열정을 가진 사람을 본 적이 없다. 모든 일에 진심인 그녀를 보며 느끼는 점이 많다. 여자의 마음은 갈대와 같다고, 순간순간 흔들리는 게 여자의 마음일진대 나는 또 'K'와 같은 깊이 있는 여자를 본 적도 없다. 그녀들은 세상이 붙여준 이혼녀라는 이상한 딱지를 달고 있지만 세상 그 누구보다 사람다운 삶을 살고 있다. 겉으로 보기에 아무런 위대할 것 없는 그녀들이지만 실상 내면은 누구보다 건강하고 단단한 자존감으로 다져져 있다. 겉으로 보이는 것, 또는 세상이 만들어 놓은 기준만으로 사람을 판단하는 것은 위험한 일이다. '속이 꽉 찬' 그녀들을 보면서 신격호 회장의 '거화취실(去華取實)'의 의미를 다시 되뇌게 된다.

07

나를 싫어하는 사람은 어디에나 있다

일본 작가 기시미 이치로와 고가 후미타케의 공동 저서 『미움받을 용기』에서는 "자유란 타인에게 미움을 받는 것"이라고 정의하고 있다. 그리고 또 "미움을 받는 것은 자유롭게 살고 있는 증거이자 스스로의 방침에 따라 살고 있다는 증표"라고도 말한다.

자꾸만 직장생활에 회의가 느껴지고 외롭다는 느낌이 강해지던 2014년, 청년과 철학자의 잔잔한 대화로 풀어가는 독특한 형식의 이 책을 만나면서 많은 위로를 받았다. 읽는 내내 나는 책 속의 청년이 되어 철학자에게 상담을 받는 듯한 느낌이 들기도 했다. 그러면서 지나온 힘들었던 일들이 생각났다.

　내가 아빠처럼 생각했던 나의 직속 상사 H 팀장님. 그분은 아주 묘한 매력의 소유자였다. 외모도 아주 출중한 데다 그분의 매너와 모든 행동은 남들이 흉내 내며 따라 할 만큼 멋스러웠다. 보통의 사람은 계단을 오를 때 조금이라도 힘을 덜 들이고자 상체를 숙이고 무게중심을 최대한 앞으로 둔다. 무게중심이 뒤에 있으면 힘이 들 뿐더러 그렇게 되면 뒤로 넘어갈 것 같은 불안한 느낌도 들기 때문이다. 그러나 그분은 계단을 오를 때 양팔을 차분히 내리고 앞꿈치 발가락만 계단에 살짝 걸친 채 몸을 꼿꼿이 세우고 마치 마네킹이 계단을 오르듯 유유자적 천천히 걸었다. 성급함 없이 마치 깊은 상념에 라도 빠진 듯 차분하기만 했다. 우리는 그 모습이 멋져 보여 키득대며 따라 해보곤 했다. 그분은 감정표현에 있어서도 상당히 절제하는 모습을 보였고, 그래서인지 누군가와 불편한 사이가 된다거나 그래서 싫어한다거나 하는 일을 만들지 않았다. 아쉽게도 그분의 절제에는 나에 대한 칭찬이나 따뜻한 감정 표현도 포함되어 있었다. 사실 내가 미움받는 요인 중 하나가 그분께 총애를 받고 있다는 소문 때문이기도 했는데 말이다.

　8년도 더 지나 입사한 이후 처음으로 부서 이동을 하게 되었다. 팀장님은 그제서야 밥 한번 먹자는 말씀을 하셨다. 팀원들과 다 같이 식사하는 자리는 종종 있었다. 혹은 야근을 하게 되어 함께 저녁을 먹고 들어와 일 한 적은 있었다. 하지만 사사로이 저녁을 먹은 건 그때가 처음이었다. 내가 팀장님께 서운하다며 내가 여직원들 사이에 왕따인 걸 아셨을 텐데 어쩌면 위로의 말 한 번을 안 해주실 수가 있냐고 물었다. 그랬더니 정말 몰랐다는 표정으로 "미애 씨가? 미애 씨가 왜? 진짜 그런 일이 있었어?"라고 반문하셨다. 정말 모르셨던 건지 아니면 내가 서운하다 하니 모르쇠로 그렇게 말씀하신 건지 알 수는 없으나 어쨌든 객관적으로는 나의 팀장님도 모르고 계셨다. 내가 팀장님께 "팀장님은 참 좋으시겠어요. 직장 내에 팀장님을 싫어하는 사람이 아무도 없잖아요. 어린 직원들부터 최고 상사분까지 다 팀장님을 좋아하잖아요."라고 말했더니 그분은 웃으셨다. 그리고는, "모든 사람한테 다 좋은 사람은 없어. 그냥 민감하게 반응하지 않을 뿐이지." 내가 인간관계에서 만큼은 완전무결하다고 생각했던 나의 팀장님도 누군가한테는 밉기도 한 사람이었나 보다.

조직 내에서 혼자라는 것! 그건 말할 수 없는 괴로움이다. 터질 것 같은 괴로움을 혼자만 안고 있을 수는 없다. 당연히 나의 상담자는 남편이 되었다. 퇴근하면 집에 와서 울고 또 다음 날 출근했다 퇴근하면 울고 그런 날들의 반복이었다. 그만두겠다는 말도 여러 차례 했었다. 이유도 알 수 없는 따돌림은 사람을 너무 피폐해지게 만들었다. 내가 펑펑 울고 나면 남편은 조금만 더 버티라고, 당장 그만두라고 할 수도 있지만 지금 이 상태에서 그만두면 평생 후회하게 될 거라고 했다. 그만두더라도 여직원들과의 관계 회복을 완료하고 멋지게 그만두라고 했다. 어디에 가든 지금과 같은 일이 일어나지 않는다는 보장도 없으니 마음을 가다듬으라고 했다. 나를 싫어하는 사람은 어디에나 있다고 했다. 지금 그만두는 건 도피일 뿐이고, 남아 있는 사람들에게도 좋은 이미지일 수 없다고 했다. 그렇게 1년 반을 더 다닌 뒤 나는 남편이 말한 것처럼 좋은 이미지로 멋지게 이직을 했다.

학부 생활을 할 때였다. 나는 바다보다는 산을 좋아했고 그래서 동아리도 산악회에 들어갔다. 신입생 환영회 때 선배들이 우르르 몰려와서 자기네 동아리로 들어오라고 가입신청서를 돌렸다. 나의 관심을 끈 건 산악회였고 다른 신청서는 볼 것도 없이 그냥 산악회에 신청서를 제출했다. 산이 좋아서 가입한 동아리이긴 했지만 등산은 너무도 힘든 일이었다. 비단 나에게만 그런 게 아니라 우리 가족은 다들 등산에 취약했다. 아이러니하게 그러면서도 다들 바다보다는 산을 좋아했다.

첫 등산을 할 때부터 난관은 시작되었다. 나는 등산화가 없었던 터라 언니의 등산화를 신고 나갔는데 언니는 나보다 발이 큰 편이어서 신발이 발에 밀착되지 않았다. 선배들의 도움을 받아 앞에서 끌고 뒤에서 밀고 힘들게 산행을 할 수 있었다. 등산에 다녀온 후 오른쪽 엄지발톱이 빠지는 괴로움을 겪어야 했다.

그리고 두 번째 산행이 있던 날! 첫 산행에서 발톱이 빠지는 괴로움을 한 번 겪어본 탓에 등산화는 발에 맞는 것으로 장만했으나 그 외의 장비는 아무것도 없었다. 그런데 아뿔싸! 이번엔 야간산행이었다. 출발할 때는 눈이 내리지 않았는데 이동하는 동안 버스에서 잠을 자다 눈을 떠보니 밖은 온통 순백의 세상이었다. 버스 차창으로도 눈송이들이 마구 부딪치고 있었다. 아! 봄날에 이 무슨 폭설이란 말인가? 등산에 왕초보인 나는 아이젠도 없었고 스틱도 없었고 갈아신을 양말도, 끼어 입을 방한복도 없었다. 그냥 동네 야산 등산하듯이 간 것이다. 겁도 없었지…… 선배들이 올라가자고 한다고 정말 등산을 시작한 것이다. 다들 도와줄 테니 걱정할 일 없다고 했다.

지금 생각해보면 죽음을 무릅쓴 매우 어리석은 짓이었다. 그날 야간산행을 감행한 산은 바로 선자령이었던 것이다. 선자령은 백두대간 주능선으로 높이가 1,157m나 되는 엄청난 산이다. 폭설이 내리는 날 야간산행으로 등산 왕초보가 갈 수 있는 산이 아니었다. 얼마나 고생을 했는지 모른다. 물론 나만 고생한 것이 아니다. 등반대장을 맡은 선배부터 행동대장으로 불리는 모든 선배들이 나 하나 때문에 갖은 고초를 겪어야 했다. 아무 일 없이 등산을 마친 건 천운에 가까웠다.

그 산행이 있은 후 동아리 내 분위기가 이상해졌다. 남자 선배들은 고생했다며 지난번처럼 발톱이 빠지거나 그러지는 않았냐고 살갑게 챙겨주었다. 그러나 여자 선배들에게서는 냉랭한 기운이 감돌았다. 내가 언니라 부르며 따르던 선배들이 하나같이 차갑게만 대했다. 이유를 알 수 없었으나, 차가운 분위기를 깨보기 위해 자판기 커피를 잔뜩 뽑아와 동아리 내 사람들에게 돌리기도 하고 원래 그런 걸 잘 못 하지만 용기 내서 깨방정도 떨어보았다. 하지만 얼어붙은 동아리 분위기는 녹지 않았다.

세 번째 산행은 어쩐지 가기가 싫었다. 자꾸만 나를 경계하는 여자 선배들 틈에서 즐겁게 산행할 용기가 나지 않았다. 하지만 계속 같이 가자는 연락이 왔고 그렇게 세 번째 등산을 갔다. 아! 누가 한 말일까? 슬픈 예감은 틀린 적이 없다는…… 출발 시점부터 후회되기 시작했다. 괜히 왔다, 그냥 돌아갈까, 누구한테 이 애매한 상황을 물어봐야 하나 머릿속은 멋진 산속의 정취를 느끼기는커녕 터질듯한 고민으로 가득 차 있었다.

그렇게 등산이 마무리되고 다들 흩어져 집으로 가는 시점에 한 여자 선배가 잠깐 얘기를 하자고 했다. 그래, 뭔가 이야기를 해 줄 모양이다. 제발 뭔지 알기나 하자. 나한테 동아리를 탈퇴하라고 했다. 다들 나 때문에 불편하다고 했다. 아니, 뭐 이런 가당치도 않은 말을. 이유가 뭔지나 알자고 따져 들었지만 대단한 이유는 없고 그냥 다들 나를 별로 안 좋아

한다는 것이었다. 세상 이보다 더 억울한 일이 있을까 싶긴 했지만 어쩔 수 없이 산악회를 탈퇴했다. 내가 싫다는데 굳이 나를 싫어하는 그 사람들 틈에 끼어 있을 이유는 없었다. 나중에 안 것이었는데 산악회 내부에는 커플이 많아 대부분 짝이 있었다고 한다. 나는 그 커플 여자 선배들에게 미운 오리 새끼가 되어 있었던 것이다. 그 후로는 졸업할 때까지 아무런 동아리 활동도 하지 않았고 다만 스터디 그룹에서 공부만 했다.

내 의사와는 상관없이 한 번쯤은 미움을 받게 되는 일이 있다. 이유는 참으로 다양하다. 생각이 같지 않아서, 너무 잘나서, 너무 못나서, 너무 인기가 많아서 또는 어처구니없게 오해에 의한 것일 수도 있다. 언젠가 나를 미워했던 사람에게 장문의 메시지를 받기도 했다. 그동안 미안했다고, 자신의 행동을 너무 미워하지 말고 이해해 달라고. 같이 있는 동안에는 그렇게도 나를 힘들게 하더니 떠나온 다음에는 미안한 마음이 들었나 보다. 그 메시지를 보면서 든 생각은, 나를 미워할 만큼 그 사람이 느꼈던 내가 가진 자유는 무엇이었을까? 자유란 타인에게 미움을 받는 것이라는데 나는 대체 그들이 미워할 만큼의 어떤 자유를 누렸던 것일까? 타인의 방침이 아닌 스스로의 방침으로 살고 있다는 증표라는데 나는 그 또한 알지 못하겠는데 하는 것들이었다. 이런 걸 보면 내가 제일 잘 알고 있다고 생각한 나 자신을, 정작은 내가 제일 모르고 있는 건 아닐까 싶다. 지금 자신이 누군가로부터 미움을 받고 있다면 그건 그 사람이 나의 자유를 부러워하고 있기 때문이라고 나 자신을 한번 치켜세워 주는 건 어떨까?

08

얼굴에는 철판을 마음에는 갑옷을 입자

내가 유일하게 뻔뻔하게 대하는 대상은 나의 동생이다. 추억 공유의 기간이 길어서인지 동생과 나는 다른 형제들보다 조금 더 편안한 느낌이 들고 나도 모르게 동생에게는 참 뻔뻔하게 대한다. 그럼에도 동생이 나를 완벽하게 미워하지만은 않는다는 걸 안다.

동생은 우리 집 대표 깔끔쟁이다. 어찌나 깔끔을 떠는지 가끔은 짜증이 밀려오기도 한다. 친구들이 집에 오면 집에서 청소만 하느냐고 할 정도로 나도 한 깔끔 하는 성격인데 동생은 오기만 하면 폭풍 잔소리를 해댄다. 자기 스스로는 그게 '미니멀 라이프'라며 뭐든 다 버리고 다 비워야 직성이 풀리는 듯했다. 방방마다 돌아다니며 옷장을 열어보고 다용도실을 열어보고 주방에 와서 싱크대와 진열장을 열어보았다. 그러고는 온통 버릴 것투성이라며 제발 정리 좀 하라고 한다. 나도 간간이 쓸데없는 것 버리기도 하고 남 주기도 하고 그러지만 멀쩡한 걸 왜 자꾸 버리라고 하는지 이해가 안 됐다.

하루는 동생을 집으로 불렀다. 와서 같이 정리 좀 하자고. 보통의 사람들 같으면 귀찮게 그런 걸 하라고 부르냐 하겠지만 동생은 잘 생각했다며 득달같이 달려왔다. 우리 집은 안방과 아이 방 사이에 아트월이 있고 그 아트월 양쪽으로 길쭉하게 수납공간이 있다. 그곳이 첫 정리 대상이 되었다. 한참 동생과 정리를 하고 있는데 남편이 와서는 모임이 있어 같이 나가야 할 것 같다고 했다. 동생에게 남은 정리를 시키고 나는 준비 후 외출을 했다. 돌아와 보니 현관에는 버릴 것들이 수북이 쌓여 있고 수납공간은 휑 할 정도로 많은 빈 공간이 생겨나 있었다. 동생은 정리를 해놓고 자신의 집으로 돌아간 상태였다. 고마움의 전화를 했다.

"올~~~~ 옥이~ 완전 대박인데? 그 공간에서 버릴 게 저렇게 많이 나온 거야? 세상 깔끔한데? 완전 신통방통해~"
"고생했겠지? 집주인도 없는데 마무리하느라고 땀을 한 바가지는 흘렸어. 담에 밥 사."

"내가? 밥을? 에이~ 밥은 네가 사야지."

"엥? 뭔 말도 안 되는 소리?"

"내가 너 취미생활 할 수 있게 해줬잖아~ 그거 치우면서 네 맘이 얼마나 후련했겠냐고. 그치? 엄청 개운하지? 그니까 기분 좋게 밥 사."

그러면서 둘이 웃었다. 이렇게 뻔뻔하게 말하면서도 기분이 좋다. 동생은 내가 말도 안 되게 행동하고 뻔뻔하게 대해도 다 받아준다. 그러면서 그런다. 직장에 가서는 그러지 말라고. 그러다 공공의 적 된다고. 직장에 가서도 이렇게 뻔뻔한 내가 될 수 있었으면 좋겠다.

오히려 내가 뻔뻔하지 못해 아쉬운 상황이 너무 많아 속상할 따름이다. 엄격하기로 소문난 본부장님께 보고를 들어갔을 때의 일이다.

"이렇게 잘할 거면서 그동안 왜 그렇게 엉뚱한 짓 한 거야? 아이고, 내가 이 보고서 받기 기다리느라 목이 한참은 늘어났네. 목 늘어난 거 보여 안 보여? 잘했어! 아주 잘했고, 다음에 이번처럼 또 그러면 아주 혼나."

말씀은 엄한 듯하게 하고 계셨지만 표정은 웃음이 가득했다. 보고서가 썩 마음에 든 것이다. 살얼음 본부장님이 그렇게 해주셨다는 건 크게 칭찬을 받은 것이나 다름없었다.

"예, 알겠습니다. 그럼."

아…… 내가 이렇게 숙맥이다. 윗분이 슬쩍 농담을 던지거나 장난을 걸면 받아줄 법도 한데 언제나 정중하게 대하고 만다. 보고를 끝내고 나오면서 머리를 쥐어뜯고 싶었다. 넉살 좋은 남직원들은 이럴 때 술이라도 한잔 사달라고 하고 충성멘트도 날리면서 친분을 쌓고 나오는데 나는 통 그런 게 되지를 않았다. 마음속으로는,

"기분도 좋으신데 맛있는 거 한번 사주세요. 이렇게 하느라고 저는 또 얼마나 애를 썼겠어요. 알아주신다니 그럼 맛있는 밥 한번!"

이렇게 하고 나왔으면 얼마나 서로 기분이 좋았을까? 뻔뻔하기는 커녕 판을 깔아줘도 걷어차 버리는 내가 아주 속이 상해 죽겠다. 까짓 부끄럽더라도 얼굴에 철판 한번 깔고 너스레를 떨어 보는 건데 난 그 부끄러운 것을 참아내지 못했다. 내가 쾌활하고 호방한 성격이 아닌 걸 아실 테니 얼굴 빨개져서 안 어울리는 너스레를 떨더라도 기특하네 하셨을 것이다. 그런데 나는 그런 뻔뻔한 짓 한 번을 못 해봤다.

다른 사람의 마음을 불편하게 하고 나면 나는 그 상대방보다 더 죽을 맛이 됐다. 옛말에 "맞은 놈은 다리 뻗고 자도 때린 놈은 다리 뻗고 못 잔

다"는 말이 있다. 딱 내가 그렇다. 누군가 나 때문에 속상한 일이 발생하면 나는 거의 울 판이 되어 버린다.

꽤나 오래전의 일이다. 남편은 술을 잘 못 마시는데 이래저래 술 마실 일이 많았다. 그리고 술에 취하면 인사불성이 되어 자기 자신도 제어를 하지 못했다. 나도 여전히 야근이 많은 상황이라 그날도 밤 12시가 넘어서야 퇴근을 했다. 그날은 매우 추운 날이었고, 내 몸은 지칠 대로 지쳐 있는 상태였다. 아파트 현관 비밀번호를 누르고 손잡이를 당겼는데 '철 컥' 안쪽에서 걸 고리가 채워져 있는 것이다. 그럼 남편이 퇴근해서 집에 와 있다는 얘기였다. 문을 다시 닫고 초인종을 눌렀다. 혹시나 씻고 있나 싶어 계단에 앉아 기다리다가 다시 초인종을 눌렀다. 그래도 안에서 답은 없고…… 휴대전화로 아무리 전화를 해도 받지 않았다. 몸이 덜덜 덜 떨리기 시작했다. 휴대전화를 수십 번, 초인종을 수백 번을 눌러도 묵묵부답이었다. 술에 취해 잠이 든 것이다. 밖을 내다보니 눈은 펑펑 내리고 어디 갈 수도 없다. 기껏 가 봐야 찜질방이나 PC방인데 찜질방은 집 근처에 있지도 않았고, PC방은 그 밤에 가기가 꺼려졌다. 1시간…… 2시간…… 3시간…… 현관문 앞에 쪼그리고 앉아 5시간이 넘도록 있었다. 온몸은 시리다 못 해 꽁꽁 얼어 있었다. 신문배달원이 엘리베이터에서 신문을 던져 놓다가 기겁을 했다. 흡사 귀신이라도 본 얼굴이었다. 그리고 잠시 후에 현관문이 열렸다.

집에 들어오자 화가 있는 대로 치밀어 올랐다. 남편의 **뺨**을 후려치고 싶은 생각도 들었고 정강이를 걷어 차주고 싶은 마음도 생겼다. 그러나 차마 그렇게는 하지 못하고, 현관에 있는 인테리어 꽃병을 들어 있는 힘껏 벽에 집어 던졌다. 욕실에 들어가 뜨거운 물에 샤워를 하고 다시 출근했다.

내가 현관문 밖에서 쪼그리고 있었던 게 처음은 아니었다. 한번은 한여름에 그런 일이 발생해서 밤새 모기와 벌레들과 씨름하며 밤을 지새운 적도 있었다. 그러나 한겨울의 고통은 여름의 두 배 이상이었다.

그렇게 남편과 며칠의 냉전 시기가 있었다. 똥 마려운 강아지마냥 남편은 나를 졸졸 따라다녔지만 용서해주고 싶은 마음이 들지 않았다. 얼음판 같은 분위기가 이어지고 있는 상황에 설 연휴가 되었다. 그간 한 번도 시댁에 남편을 혼자 보낸 적이 없었다. 항상 같이 갔다 같이 돌아오곤 했다. 그러나 이번에는 남편과 시댁에 가고 싶은 생각이 눈꼽 만큼도 생기지 않았다. 그런 상황에서 남편은 시댁에 안 갈 거냐고 물었다. 지금 이 상황에 나한테 명절 음식을 만들고 아무렇지도 않은 척 웃으면서 대화를 하라는 말인가? 제정신인가? 대꾸도 하기 싫었다. 남편은 결국 내 눈치만 살피다가 결혼 후 처음으로 시댁에 혼자 갔다.

그러나 마음이 불편해 죽을 맛이었다. 시댁 식구들이 이상하게 볼 텐데, 무슨 일 있는 거 아니냐고 자꾸 다그칠 텐데 그럼 남편의 상황이 얼마나 애매해질까 마음이 너무도 무거웠다. 시댁이 멀지 않은 곳이어서 남편은 저녁에 다시 집으로 돌아왔다. 내가 몸이 안 좋아 쉬라고 하고 혼자 왔노라고 했단다. 안쓰럽고 불쌍한 마음이 생겼다. 결국 나는 다음 날 시댁에 가서 평상시와 다름없이 음식을 만들고 명절 분위기에 합류했다.

누가 봐도 남편이 잘못했다. 그럼에도 나는 그에게 성질을 부리지 못했고, 큰소리 한 번을 내지 못했다. 남편이 무서워서가 아니다. 누구와 불편해지는 게 싫어 소리 지르며 싸워 본 적이 없기 때문에 못 하는 것이다. 간혹은 정말 화를 내고 싸워야 할 때가 있다. 내 잘못이 아닌 경우 최소한의 저항을 해야만 한다. 불편해 할 필요 없다. 상대방이 잘못을 했다면 그 사람이 비난을 받는 것은 당연한 일이다. 그것마저도 내가 안타깝게 여기고 마음 아파할 이유는 없다. 마음에 갑옷을 입히자. 까짓! 남들이 뭐라 하든 내가 당당하다면 별 희한한 말들을 듣는다 해도 그걸 마음의 상처로 받아들이지는 말자. 그런데 그 마음의 갑옷은 어디서 구입해야 하나…….

A HAPPY INDIVIDUALIST

4 장

오늘 하루를 당당하고 의미 있게 살아가는 방법

01

현명한 포기에는 용기가 필요하다

작년 10월 축구선수 이동국이 은퇴를 선언했다. 그와 함께 선수 생활을 했던 모든 동료들이 은퇴를 한 후에도 그는 한참을 더 선수로 뛰었고, 작년 41세의 꽉 찬 나이로 잔디 구장을 떠났다. 그는 2002년 월드컵 때 히딩크 감독에게 발탁되지 못했다. 그에게 인생 최대의 좌절로 기록되지 않을까? 그러나 그는 더 열심히 했고 모든 월드컵 스타들이 은퇴를 한 후에야 축구를 내려놨다. 2002년 월드컵 기간 동안 그는 거의 술로 전전했다고 한다. 월드컵 직전 '축구계의 트로이카(이동국, 안정환, 고종수)'로 불렸던 이동국이 마음에서 월드컵에 대한 열망을 포기하기까지 얼마나 힘이 들었을지 상상이 된다. 나도 개인적으로 이동국 선수를 좋아했던 터라, 그가 TV 프로그램에 출연할 때마다 챙겨보며 응원을 보내기도 했다.

사실 나는 뭔가를 포기해본 적이 별로 없다. 진정으로 하고 싶은 일은 어떤 고생을 해서라도 해내려고 했고 대부분은 해냈다. 그럼에도 불구하고 내가 스스로에게 '성공했다.'라고 말하지 못하는 이유는 그 결과물 안에서 만족을 찾아내지 못했기 때문이다. 고생 끝에 목표한 바를 이루었으면 감격에 겨워해야겠지만 도착한 목적지는 내가 기대한 모습과는 사뭇 달랐다. 어쩌면 내가 이루고자 했던 목표들은 태생적으로 '도달'로서 기뻐할 수 없는 것이었는지도 모르겠다.

환경적 요인이나 피치 못할 사정이 아닌 순수하게 내 의지로 포기한 첫 번째는 경기도경제과학진흥원(이하 진흥원)을 그만둔 것이다. 많은 고뇌가 있었다. 수렁에 빠져 허덕이던 인간관계도 모두 회복이 된 상태였고 하는 일도 크게 어려움이 없었다. 연봉도 훌륭한 편이었고 모든 것이 나를 편안하게 받쳐주고 있었다. 그런데 나의 가슴은 자꾸만 다른 무엇인가를 원했다. 내가 서울에 있는 정부 부처 산하 공공기관으로의 이직 얘기를 했을 때 남편을 제외한 모든 사람이 만류했다. 가족들은 집에서 가까운 편안한 직장을 두고 왜 멀리 다니며 고생하려 하느냐고 했다. 직장 사람들도 서울에 있는 곳으로 가 봐야 거기서 거기고, 그 나물에 그

밥이라 했다. 괜히 인정받고 있는 곳 떠나서 후회하지 말고 그냥 있으라고 했다. 하나같이 맞는 말이었다. 반박의 여지가 없었다. 이렇게 좋은 직장을 그만두고 내가 정말 후회하지 않을 수 있을까? 모든 것이 불투명하고 불안했으나, 마음은 이미 더 큰 물로 나가보고 싶다는 욕망에 가득 차 있었다. 앞으로 나에게 닥쳐올 엄청난 변화들을 그때는 알지 못했다.

테헤란로에 위치한 '한국기술거래소(지금은 한국산업기술진흥원으로 통합되었다. 이곳은 내가 에기평 창립 멤버로 가는 발판이 되어주었다)'는 수원에서 다니기 참으로 힘들었다. 용서고속도로도 없을 때였고 신분당선도 없을 때였다. 광역버스를 타고 2시간씩 경부고속도로를 서서 가야 했다. 그리고 강남역에서 2호선을 타고 선릉역에 내려 10분을 걸어가야 했다. 출근 시간만 장장 2시간이 넘게 걸렸다. 가족들이 우려했던 대로 직장에 오는 것만으로도 몸이 지쳤다. 그러나, 근무한 지 5개월 만에 정부 부처에 가서 일할 수 있는 기회가 찾아왔다. 산업자원부(2006년도 당시 명칭, 지금의 산업통상자원부)에 파견근무를 하게 된 것이다. 항상 TV로만 봤던 과천정부청사로 내가 출근을 하게 되다니! 공무원 신분은 아니었으니 뿌듯할 것까지야 없었지만, 어쨌거나 국가 정책이 입안되는 곳에 와 있다는 것만으로도 흥분되었다.

그곳에 1년간 근무하면서 정부 예산이 편성되는 상황, 법령이 제개정

되는 절차, 국가 정책이 입안되어 선포되고 또 국민들에게 적용되기까지의 절차 등 내가 다른 곳에서는 경험할 수 없는 그야말로 큰물의 흐름을 느낄 수 있었다. 아! 이게 정부의 역할이구나. 교과서서만 배웠던 행정부라는 역할이 이런 거구나 싶었다.

그러나, 한국기술거래소나 산업자원부는 나에게 징검다리 역할을 한 것뿐이었다. 산업자원부에서 근무한 지 8개월쯤 되었을 때, 산업자원부 산하 공공기관을 신설한다는 정보를 접하게 되었다. 10년 전, 경기도경제과학진흥원 설립 당시와 똑같은 상황이었다. 10년 전 나는 경기도 공무원이었고 경기도 산하 공공기관을 설립한다기에 그 기회를 잡았다. 그런데 딱 10년 후 똑같은 상황이 발생한 것이다. 마치 데자뷔를 보는 것 같았다. 정부 부처에 있는 중이고 정부 부처 산하의 공공기관을 신설한다니! 온몸에 소름이 돋았고 다시 도전해야 한다는 강한 느낌이 왔다. 그렇게 한국에너지기술평가원(이하 에기평)에서 다시 창립 멤버로 새로운 삶을 시작하게 되었다.

내가 용기 있게 포기한 두 번째는 에기평 퇴직이다. 수원에 있는 진흥원을 그만둘 때는 이직을 생각하고 있었기 때문인지 가족들에게 그리고 동료들에게 이직 의사를 미리 밝히고 서로 이야기를 나누기도 했다. 그러나 이번은 달랐다. 나는 퇴직을 원하고 있었다. 남편과는 미리 상의했지만 주변에 그 누구하고도 퇴직에 관한 이야기를 하지 않았다. 심지어 매일 커피를 마시는 아주 가까운 사람에게조차 퇴직 이야기를 하지 않았다. 퇴직은 정말 신중해야 했다.

에기평은 입사 초기부터 나를 애먹인 기관이다. 여느 때와 같이 입사 시험 준비를 철저히 했기 때문에 입사가 힘들지는 않았다. 그다음부터가 난관이었다. 나는 분명히 선임 연구원으로 응시했고 합격을 했다. 그러나 연구원급으로 발령을 낸다는 것이다. 아니, 이런 무슨 말도 안 되는 처사인가? 이직의 기본 조건은 내 몸값을 높이는 것이다. 대부분은 연봉이 될 테고 다른 부분은 기관의 인지도나 조직 내에서의 직급이 될 것이다. 에기평으로의 이직은 이 세 가지를 모두 충족했기 때문이다.

그런데 이미 합격해서 출근하고 있는 이 시점에 해당 직급을 줄 수 없다는 게 말이 되는가? 그건 에기평 이직을 고려했던 3가지 메리트 중 2가지가 날아가는 것이었다. 그런데 참 애매한 것이 직원을 채용하긴 했는데 인사발령 하기 위한 규정 규칙이 없는 것이다. 아무리 신설 법인이라지만 없어도 너무 없었다. 과거 진흥원과는 매우 다른 양상이었다. 그곳은 모든 것이 완비되어 있는 상태였다. 제대로 된 법인이 설립되어 있는 상태에서 새로운 일에 착수하기 시작했다. 그래도 힘이 들었다. 그런데 에기평은 규정 규칙조차도 없는 것이다. 살짝 두려움이 생겼다. 아! 이직을 잘못한 것인가? 정부 산하 기관이 어떻게 지자체에서 설립한 조직보다도 더 허술하단 말인가? 진흥원과는 출연금 규모부터 달랐다. 진흥원은 설립 초기 출연금이 600억 원이 넘었다. 정말 엄청난 규모다. 그러나 에기평은 출연금이 30억 원도 안 되는 데다 그것도 출연금을 받으러 다녀야 하는 상황이었다. 인사발령을 내야 하는 시점에 적용할 규정 규칙도 없다니. 기준이 없다 보니 나의 경력을 놓고 왈가왈부하고 있는 상황이었다. 경력은 화려한데 학력이 너무 달린다는 것이었다.

에기평은 설립 당시부터 여타의 공공기관들로부터 많은 관심을 받으며 출범했다. 최고의 엘리트로 구성한 소수 정예 집단으로 만들겠다고, 연봉도 그 분야 최고를 지급하겠다고 발표했고 그렇게 소문이 나 있었다. 그래서 공공기관에 근무하는 사람들도 에기평에 입사하는 것을 상당히 부러워했다. 그런 엘리트 의식이 강한 조직이다 보니 나에게 부여할 선임 연구원 직급은 경력만으로 커버하기에 한계가 있었던 것이다. 너무 부당한 처사라고 느꼈고 친한 직원과의 식사 자리에서 기관을 채용 사기로 고소하겠다고 길길이 날뛰었다. 그 직원은 나를 진정시키느라 애를 먹었다. 그러나 시간이 조금 지나면서 전 직원을 원래 채용 당시 계획보다 한 직급씩 낮춰 인사발령 하겠다는 이야기가 나왔고 나는 그렇게 억울한 마음을 눌렀다. 이후로도 에기평에서의 생활은 녹록지 않았다. 기관이 안정화되기도 전에 정부의 '공공기관 통합 방안'이 발표되면서 기관을 이렇게 저렇게 합쳐 버렸다.

당시 회계 업무를 하고 있던 나는 거의 죽다 살았다. 기관을 통합하면서 기존에 있던 단독 기관은 폐업 신고를 해야 했다. 그리고 통합된 신설 법인으로 개업 신고가 필요했다. 그러기 위해서는 기존 기관 폐업 결산, 신설 법인 개업 결산, 그리고 연말에는 신설 법인의 당해 연도 결산을 해야만 했다. 회계 담당자에게 결산은 1년에 한 번 하기도 상당히 힘든 작업이다. 그런 일을 심지어 3번 해야 하는 초유의 사태가 발생했다. 나의 직장생활 사상 최고의 힘든 시기였고 최고로 깡마른 시기였다. 몸에 이상 증상이 나타난 것도 그때부터였다. 시도 때도 없이 두드러기가 나기 시작했고, 부비동염이라는 이상한 염증을 시작으로 몸속 여기저기서 염증이 나타나기 시작했다.

그리고 퇴직하던 2019년 하반기! 지속적으로 치료를 받고 있었음에도 불구하고 몸이 다시 이상 증상을 나타내기 시작했다. 겁이 났다. 몇 년에 걸쳐 많은 돈과 시간을 들여 겨우겨우 회복시켜 놨는데 다시 시작이라니. 퇴직 직전의 업무 스트레스는 기관 통합 당시의 스트레스 강도와 비슷했다. 이를 몸도 인지했는지 똑같은 증상을 내보이기 시작한 것이다. 이제는 직장에서 벗어나야겠다는 생각이 들었다. 할 만큼 했다. 이제는 나 스스로를 보듬어주면서 나를 위해서 살고 싶었다. 사직서를 내기 하루 전날까지 야근을 해가며 내 업무를 마무리 지었다. 그리고 연말 종무식과 함께 나의 조직 생활도 종무를 선언했다.

내가 에기평을 그만뒀다 하니 주변에서 믿지를 않았다. 이렇게 취업하기 힘든 시기에 퇴직이라니 도대체 왜 그런 말도 안 되는 일을 한 거냐고 다들 의아해했다. '신의 직장'이라고 불리는 강남 한복판의 공공기관을 도대체 왜 그만뒀느냐고 한마디씩 거들었다. 그러나 나에게는 다른 생각이 있었고, 지금 이렇게 내가 하고 싶었던 글을 쓰고 있다. 상당히 큰 금액의 연봉과 사회적인 포지션을 포기하는 게 쉬운 결정은 아니었다. 그러나, 지금 내가 매일같이 바쁘게 하고 있는 일들이 힘들고 피곤하기는커녕 너무 즐겁고 행복하다. 이러면 성공한 거 아닌가? 나의 용기 있는 포기에 후회됨이 없도록 나의 인생 2막! 멋지게 꾸며보려 한다.

02

삶은 망설이기엔 너무나 짧다

"'언젠가는'이라는 환상에 속지 마라. 뇌가 행복을 느낄 수 있는 것은 지금 이 순간뿐이다. 더 큰 행복이 언젠가 오는 게 아니다. 작아도 지금 이 순간의 행복을 느껴야 한다. 행복은 구하는 것이 아니고 발견하는 것이다."

신경외과 전문의 이시형 박사의 말이다. 요즘 양가의 어머니들을 보면서 그의 이 말이 무슨 의미인지 알 것 같다.

나에게는 쓸 일이 없을 것 같던 '인생무상'이란 말을 요즘 들어 쓰게 된다. 특히 시어머니의 요즘 모습은 마음을 많이 아프게 한다. 어머니도 젊을 때 자식을 키우는 동안에는, 나중에 자식들 키워놓고 나면 뿌듯해하며 허리 펴고 다리 뻗고 여유 있게 살날 오겠지 하셨을 것이다. 지금의 시어머니는 자식들 다 키워놓고 심지어 자식과 함께 늙어가는 형국이 되었는데도 허리 펴고 다리 뻗고 즐겁게 누리고 계시지 못하다.

내가 처음에 시댁으로 인사를 갔을 때이다. 인사를 드리고 앉았는데 처음 보는 나에게 어머니는 잔뜩 날이 선 말씀을 하셨다.

"네가 우리 동현이를 그렇게 애태우던 아이냐?"

나는 그때 직장에 다니랴 대학교 공부를 하랴 바빴기 때문에 남자친구가 필요하지 않았다. 아는 동생이 자기 선배를 한번 만나보라기에 성의를 무시하기가 미안해 소개팅 장소에 나갔을 뿐이다. 남자친구가 있으면 좋겠다는 마음으로 나간 것이 아니었기에 눈에 들어오지도 않았다. 그냥 얼른 시간이나 때우고 가야지 하는 생각만 가득했을 뿐. 각별한 동생이 소개시켜준 사람이니 그 동생 얼굴을 봐서라도 예의 없게 행동할 수는 없었다. 어찌어찌 시간을 때우고 돌아온 뒤 나는 그 사람을 머릿속에서 아예 지웠다. 그런데 이 남자는 죽자고 달라붙었다. 내가 퇴근할 즈음에는 정문에 차를 세워놓고 학교에 데려다 주겠다고 했다. 뭐 먹다가 맛

있는 게 있으면 주고 싶다며 근무 중인 나의 사무실 로비까지 들고 찾아왔다. 그렇게 꽤 오랜 시간 그를 애먹이다 어느 한 순간, 저 사람도 한 집안에 귀한 아들일 텐데 내가 뭐라고 저 사람을 피하나 싶었다. 그렇게 그렇게 조금씩 마음을 주다가 시댁에 인사까지 가게 된 것이었다. 어머니는 그런 내용을 이미 들으셨던 모양이다.

어머니는 그렇게 첫인상부터 나에게 강하게 자리 잡았다. '보통 분은 아니구나. 다정하고 살가운 분은 아니네. 이 사람은 그렇지 않은데 어머니는 상당히 날카로운 분이었어.' 내 머릿속 어머니의 인상은 이렇게 강인한 분이라는 것이었다. 더구나 당신 아들에 대한 자부심은 이미 하늘에 닿아 있었다.

"동현이가 어떤 놈인 줄 아니? 저놈은 빤스만 입혀서 알래스카에 갖다 놔도 냉장고 팔아먹고 살 놈이야."

허! 내가 듣다 듣다 저런 맹목적인 신뢰는 처음이었다. 나의 시댁 생활이 암담하게 느껴지기만 했다. 어머니에 대한 첫인상을 그렇게 안고 시작하니 결혼 후에도 나는 어머니를 대하는 게 쉽지만은 않았다. 그도 그럴 것이 어머니는 내가 결혼하기 직전까지 건축 관련 일을 하셨고 그 거칠고 힘든 일을 진두지휘하다 보니 강인해질 수밖에 없었다. 그리고 어머니는 집안일도 항상 당신의 주관대로 추진하셨다. 신혼 초에는 어머니와 함께 있는 것이 불편해 음식을 먹는 것도 힘이 들었다. 제사도 주말이 아닌 당일에 지내셨는데 그렇게 되면 나는 퇴근하는 즉시 달려가야 했다. 그렇게 바쁜 중에도 나는 집에 가서 허겁지겁 밥을 먹고 시댁으로 갔다. 시댁에서는 맘 편히 밥을 먹을 수가 없었다. 행여 밥을 먹다가도 어머님이 나에 대해 한마디라도 하시면 밥알이 목구멍에 걸려 넘어가지 않았다. 어머니에 대한 나의 스트레스 강도는 그 정도였지만 남편도 그 누구도 이미 어머니의 어법에 적응이 되어 있는 상태라 나의 이런 마음을 눈치채지 못했다. 그 당시 어머니는 나의 가족 범주 안에 있는 사람 중 가장 힘들고 어려운 사람이었다.

어머니는 머리가 명석하신 분이다. 눈치도 빠르셨고 사업을 하신 분이라 그런지 사업을 하고 있는 남편에게 회사가 잘 돌아가는지, 직원들 월급은 잘 주고 있는지 등을 항상 물으셨다. 9시 뉴스나 신문도 챙겨보시는 편이었고 70대 중반에도 서예나 컴퓨터를 배우러 다니시기도 했다. 수원시에서 개최하는 서예대회에서 수상도 하실 정도로 뭐든 빠르게 습득하셨고 열정적으로 하셨다. 우리 집에는 그 당시 어머니께서 써주신 족자가 길게 걸려 있다.

그랬던 어머니였다. 항상 당당하고, 당당하다 못해 너무 직설적인 분이던 그런 어머니가 이제 연로해지셔서 그런 강인함을 갖고 계셨던 분이 맞나 싶을 정도가 되어버렸다. 요즘은 치매 증상까지 보이면서 측은하고 안쓰러운 마음까지 든다. 어머니는 아버님의 병 수발을 다 해내셨다. 그리고 몇 해 전 아버님이 돌아가시자 급격히 연로해지는 모습을 보이셨다. 당신의 몫을 다하셨다 생각하신 모양이다. 어머니는 현재 아주버님께서 모시는 중이다. 아주버님 내외는 각자의 직장 때문에 동서는 수원에, 아주버님은 경주에 거주하고 계신다. 주말부부처럼 서로 쉬는 날에 왕래를 하는데 아주버님이 수원으로 오시는 날에는 형제 중 누군가 어머니와 함께 지내기 위해 경주로 가야 한다. 이제 혼자 계시는 것 자체가 불안한 상황에까지 이르고 만 것이다. 이제 아기처럼 모든 걸 챙겨드리지 않으면 안 되는 상황이 되고 보니 저절로 인생무상이란 말이 튀어나온다.

친정엄마를 보면서도 마찬가지다. 시어머니가 도시에서 치열하게 인생을 사신 분이라면 엄마는 평생을 시골에서 보내신 순박한 분이다. 오로지 농사밖에 아는 게 없고, 자식들도 다 그 안에서 키워내셨다. 그러니 엄마의 세상은 시골의 얼마 안 되는 논밭 뙈기가 전부이다. 엄마도 요즘 몸이 많이 불편하시다. 오랜 당뇨 때문에 고혈압도 생기신 데다 척추 수술을 두 번이나 하신 통에 허리는 90도로 굽으셨다. 두 번의 수술에도 척추 문제는 해결되지 않아 항상 다리 저림과 통증을 호소하신다. 워낙에 마른 체구이신 데다 연세가 드시면서 더욱더 왜소해지셔서 이제는 내가 반짝 들어 안을 정도가 되고 말았다. 정강이뼈며 골반뼈가 저러다 튀어나오는 거 아닐까 싶을 만큼 앙상하기만 하다. 엄마는 시어머니와는 달리 의식은 총명하시지만 언제 쓰러지실지 모르는 불안한 상황을 이어가고 있다. 얼마 전에도 쓰러지셔서 오빠가 방문하지 않았으면 어찌했을까 싶은 아찔한 상황이 발생하기도 했다. 그래도 당신은 자식 집은 싫고 당신 집이 좋으시다니 매일매일 찾아오시는 요양보호사님께 더없이 감사할 뿐이다.

두 분도 그러셨을 것이다. 자식들 다 키워놓고 나면 편안하게 여생을 보낼 수 있을 것이라고. 하지만 세상은 어머니들이 생을 편안하게 누리도록 내버려 두지 않았다. 자식들을 거의 키워낼 무렵에는 당뇨로 암으로 이미 지칠 대로 지친 몸에 갖가지 질병이 나타나기 시작했고 연세가 들면서 그 질병들과 싸우느라 행복한 시간을 보낼 수가 없었다.

몇 해 전에는 양가 어머니들을 모시고 제주도 여행을 갔는데 그것도 간신히 갈 수 있었다. 두 분 모두 걷기를 힘들어 하셨고 몸이 힘드니 비행기 타는 것도 부담스러워하셨다. 여행지에서는 휠체어를 타고 다니셨다. 그래도 즐거우셨는지 다음 번엔 일본에 온천여행을 가지고 하니 두 분 다 그러자고 하셨다. 엄마는 제주도 여행에서 돌아오자마자 엄마 생에 처음으로 여권을 만들고 정말 그렇게 일본에 가는가 싶었다. 그러나,

결국 일본 여행은 가지 못하고 말았다. 두 분이 서로 번갈아가며 아프셨고 이런저런 집안에 대소사가 발생했다. 지금은 두 분 모두 집 밖을 나와한 시간 이상 차로 이동하는 것조차도 부담스러워하시는 데다 자식들도 감히 연로하신 두 분을 모시고 멀리 여행 갈 엄두를 내지 못하는 상황이다.

너무 허망하다. 정신없이 달릴 때는 아픈 줄도 모르고 살다가 여유라는 것을 가져보려 하는 그때는 내 몸에 들어앉은 병마와 싸우느라 또 다른 고생이 시작된다. 100세 인생이라고들 하지만 정신없이 앞만 보고 달리다 보면 내가 여유를 누릴 시기는 70세에도 80세에도 오지 않는다. 이시형 박사도 말하지 않았는가? 뇌가 행복을 느끼는 것은 바로 지금 이 순간뿐이라고! 주저하지 말고 내가 하고 싶은 것, 누리고 싶은 것 행복을 주는 요인들을 지금 실행해야 한다. 세상은 내가 행복을 누릴 시간을 별도로 배정해놓지 않았다. 지금 이 순간에 나에게 있는 행복을 발견하고 누려야 한다.

'carpe diem', 지금 이 순간에 충실하라! 우리가 주목할 말이다.

03

▼

타인에게 상처받았다고 심각해할 필요 없다

  얼마 전 책을 읽다가 폭소를 터트린 적이 있다. 요즘 흔히 쓰는 표현으로 가슴이 뻥 뚫리는 '사이다' 표현을 발견했기 때문이다. 차마 내가 하지 못한 말을 작가가 시원하게 내뱉어주고 있었다.

  "우리 삶에서 곧 사라질 존재들에게 마음의 에너지를 쏟는 것 역시 감정의 낭비다. 그만두면 끝일 회사 상사에게, 어쩌다 마주치는 애정 없는 친척에게, 웃으면서 열 받게 하는 빙그레 쌍년에게, 아닌 척 머리 굴리는 여우 같은 동기에게, 인생에서 아무것도 아닌 존재들에게 더는 감정을 낭비하지 말자."

『나는 나로 살기로 했다』의 저자 김수현 작가의 말이다. 내가 하고 싶은 말을 다 담아주어 속이 후련하다. 어차피 다 나를 지나쳐갈 사람일 뿐이다. 내가 맘에 들지 않았다면 그건 그 사람 사정이다. 당신들도 내 맘에 들지 않으니까 말이다. 당신들이나 나나 피장파장인데 왜 나만 힘들어하고 당신들의 눈치를 살펴야 하는가? 김수현 작가 말대로 나는 나로 살면 그만이다.

이런 경험 해본 적 있을 것이다. 내가 힘들어 죽겠는데 누가 와서 자기 힘든 얘기를 하면 화가 나는 경험 말이다. 나에게는 이런 일이 있었다. 병원에 자주 가다 보니 웬만큼 몸이 안 좋아서는 누구에게 말하지도 않는다. 오로지 남편만 알고 넘어가는 경우가 많았다. 그러다 한 5년 전쯤 두드러기가 한번 올라왔는데 심각한 상황이었다. 대부분의 경우는 주사 맞고 약 먹고 하면 나아지는데 그때는 별 방법을 다 써도 나아지지 않았다. 의사들도 긴장하기 시작했다. 당장은 피부에만 증상이 나타나서 육안으로 보이니까 괜찮은데 이게 몸 안쪽으로 들어가면 심각해진다는 것이다. 기도가 부어 호흡 곤란이 오는 경우가 제일 심각한 상황이고, 몸 안쪽으로 들어가면 볼 수가 없으니 처치가 매우 어려워진다고 했다. 의사들이야 항상 최악의 상황을 고려해서 말을 해주긴 하지만 그렇게 난색을 표한 건 처음이었다. 분당 서울대병원에 입원을 했다. 우선 직장에는 일주일간의 병가를 신청했다.

모든 병은 밤에 힘들어진다. 낮에는 링거병을 꽂고 밖에 돌아다니기라도 하면 된다. 발열감이 심할 때는 아이스팩을 여기저기 대고 있고 아이스팩을 대고 있을 수 없는 경우라면 나가서 바람이라도 쐬면 조금 살 만해졌다. 미치게 가려울 때는 샤워실에 가서 찬물을 끼얹거나 가족들이랑 통화라도 하면 그나마 좀 잊을 수 있었다. 그러나 밤에는 그런 것들에 제한이 생긴다. 우선 너무 졸립다. 하루 종일 발열감에 가려움에 시달리면 밤이 되면 탈진이 된다. 제발 잠 좀 잤으면 원이 없겠다 싶다. 그러나 밤이 되면 더 심하게 부풀어 올랐고 발열감도 가려움증도 더 심해졌다.

그렇게 한 3일을 지내고 나면 사람이 제정신이 아니다. 내 자제력이 언제 와해될지 스스로 불안함이 느껴지는 시점이 온다. 아, 도대체 왜 안 낫는 거냐고, 약은 맞게 처방하고 있는 거냐고 발악을 하고 소리 지르며 링거병이라도 집어 던지고 싶은 충동이 이는 시점이 찾아오는 것이다. 그렇게 나흘을 버티고 5일 차쯤 되니 서서히 두드러기가 모습을 감추기 시작했다. 얼마나 심각하게 올라왔었는지 가라앉기 시작하자 피부가 아팠다. 그쯤 병원 근처에 사는 직원이 퇴근하는 길에 잠깐 병문안을 오겠다 하여 그러라고 했다.

"괜찮아 보이네? 엄청 심각한 줄 알았더니 그만하니 다행이야. 걱정하지 마. 내가 두드러기로 죽었다는 사람 아직 못 봤어."

병문안 온 직원의 첫 인사말이었다. 걷어차버릴까? 꺼져버리라고 할까? 마음속에서 열불이 치솟았다. 당신이 뭘 안다고 위로하는 척이야!

얼른 가줬으면 좋겠는데 갈 생각을 하지 않았다. 그러면서 푸념을 늘어놨다. 요즘 사무실 분위기 완전 쓰레기라며 차라리 병원에 있는 게 나을지도 모른다고. 자기도 요새 실장 히스테리 때문에 미쳐버릴 것 같고. 어제도 보고 한 건 올렸다가 개박살났다고. 자존심은 바닥을 쳤고 이렇게 직장을 다녀야 하나 힘들어서 죽을 맛이라고. 나는 나야말로 당신 때문에 짜증나 미쳐버리겠다고 하고 싶었다. 지금 그게 몸이 안 좋아 입원한 사람한테 와서 말해야 할 만큼 힘든 일인 거냐고. 그러나, 어느 순간 내가 그를 위로하고 있었다.

"까짓것 마음에 담아두지 말아요. 실장님 그러는 거 한두 번이에요? 다음에 보고서 맘에 들게 쓰면 또 언제 그랬냐는 듯이 좋아서 넘어갈 걸요? 괜히 마음에 담아서 나처럼 병 키우지 말고 그냥 넘겨버려요. 평생 같이 살 사람 아니잖아요."

그래, 지금의 상사! 평생 같이 살 것도 아닌데 그렇게 괴로워 할 필요 뭐 있나. 지금은 죽을 것 같고 바닥에 처박힌 자존심을 도저히 끌어올릴 수 없을 만큼 상처받았고 괴롭지만, 뭐하러 스쳐 지나갈 사람 때문에 자신의 감정을 낭비하고 힘들어 하는가?

하지만, 나도 사실은 상처받고 괴로워한 적이 많이 있다. 내 손톱 밑 가시가 남의 눈의 대들보보다 아프다 하지 않던가? 나의 어떤 이미지 때문인지 나는 상대방으로부터 말로서 크게 상처를 받아본 적은 없다. 대부분은 나에게 말을 조심하는 듯한 느낌을 많이 받았다. 윗분들께 꾸지람을 듣는 경우도 있긴 했지만 대놓고 큰소리로 혼이 난다거나 그래본 적은 없는 것 같다. 사실은 이런 것 때문에 상처받는 경우가 많았다. 사람들은 나를 편하게 대하지 않았다.

내가 예뻐하는 후배 Y가 있었다. 나는 정말 내 동생처럼 Y를 대해줬고 Y도 어딜 가나 나와 함께 근무하는 게 너무 좋다고 이야기하곤 했다. 다른 직원들도 우리 사이를 많이 부러워했다. 어느 날 퇴근 시간이 한참 지났는데 Y가 퇴근을 안 하고 PC 앞에서 전전긍긍하고 있었다. 뭔가 봤더니 금방 끝낼 수 있는 일이었다. 퇴근하다 말고 옆에 붙어서 같이 일 처리를 했다. 두어 시간 남짓에 끝낼 수 있었다. 밥때는 이미 지났고 맥주나 한잔하겠느냐고 물었더니 Y가 정말 미안한 표정으로 약속이 있는데 이 일 때문에 못 나가고 있었노라며 내일 밥을 사겠다고 하고 나갔다. 그러라고 하고 퇴근했다. 내가 마음에 상처를 받은 것은 그다음 날이었다. 동기가 차 한잔하자며 찾아왔다.

"Y 퇴직하는 거 알았어?"

"응? 퇴직? 아니? 어제까지 나랑 야근했는데?"

"아, 선배가 도와줬다더니 너였구나. 옆에 있으면서도 말을 못 하고 나한테 왔구만. 한동안 실장한테 매일 깨지더니 바로 다른 기관에 입사원서를 넣었었나 보더라고. 합격했대. 너한테 얘기하면 분명히 너는 도망가지 말고 끝까지 버티라고 할 것 같아서 나한테 논의하러 왔대."

내가 Y한테 그 정도밖에 안 되는 사람이었던가? 나는 Y가 적어도 나한테 만큼은 마음을 다 열어놓고 자기 고민을 이야기하는 사이인 줄 알았다. 그러나 나만의 착각이었다. 그렇게 중요한 사안을 생각하고 있었으면서 어제처럼 둘이 붙어 있는 시간에조차 나한테 말을 안 한 Y에게 너무 속상했다. 그러면서 자괴감이 들기 시작했다. 내가 Y에게 어떤 느낌이기에 나한테 말하면 그냥 참고 다니라고 할 것 같다고 느낀 걸까? 내가 Y에게 잘해준다 하면서 실상은 권위적이었나?

나는 그렇게 또 나의 과오를 찾아가며 사안의 귀책을 나에게 전가하고 있었다. 내 마음의 지옥을 지어놓고 혼자 그 안에 갇혀 괴로워하기 시작했다. 그러지 말아야지 하면서도 누군가로부터 상처를 느끼게 되면 나는 언제나 이렇게 나 스스로를 괴롭혔다. 사람은 누구나 자기가 편한 사람이 있기 마련이다. 아버지도 좋고 어머니도 좋지만 아버지에게 상의하는 사안과 어머니와 상의하는 사안이 다를 수 있다. 그건 아버지가 이럴 때 더 좋고 저럴 때 어머니가 더 좋고의 개념이 아니다. 그때그때 내가 필요에 의해서 결정하는 것이다. Y도 그럴 수 있지 않나? 업무를 배우고 함께 있을 때 내가 좋은 선배이고, 편안하게 이야기하기 좋은 사람은 나의 동기일 수도 있지 않은가? 하나하나 예민하게 반응하지 말고 그냥 순리대로 두면 된다. 남이 나와 똑같아질 수는 없기에 공연히 감정을 소모하며 스스로 괴롭힐 필요는 없다. 남에게 받은 상처는 시간이 지나면 해결되기 마련이다. 나 스스로 나에게 입히는 상처가 아니라면 힘 빼지 말자.

04

▼

인간관계에도 가지치기를 하자

어떤 책에서 읽었는지 정확히 기억은 나지 않는다. 하지만 그 책에 쓰여 있던 내용은 기억이 난다. 저자는 휴대전화에 등록된 연락처 목록 중 1년 이상 한 번도 연락을 한 적이 없는 사람은 과감히 삭제하라고 했다. 혹시 몰라서 가지고 있을 필요 없고, 1년 이상 연락하지 않았으면 혹시 무슨 일이 생겨도 절대 나에게 도움이 되는 사람이 아니라고 말이다. 나는 저자의 말이 정확하다고 생각한다. 직장을 나오면서 단순히 업무 관계로 맺어진 많은 사람들을 연락처 목록에서 삭제했다. 그러나 내 삶의 대부분은 직장에서의 삶이었고 그러니 상당 부분이 업무로 맺어진 사람들이었다. 어쩐지 내 삶의 실적들을 지워내는 것 같아 허전한 마음이 없지 않았다. 하지만 냉정하게 생각해보면 어차피 업무적 관계로 맺어진 인연이고, 내가 업무를 그만둔 이상 언젠가 끊어질 관계이다. 그러니 애써 붙잡고 있으며 나의 훈장처럼 보관할 필요는 없을 듯했다. 그렇게 지워내고 나니 한편은 후련한 마음이 들기도 했다.

지인 중에 상당히 폭넓은 인간관계를 맺고 있는 사람이 있다. 가끔은 정말인가 싶을 만큼 유명인사도 섞여 있어 좋겠다며 부러워하기도 했다. 그녀의 블로그에 가보면 꽤나 유명한 사람들과 좋은 음식점에 가서 찍은 사진도 있고, 뭔가 나와는 다른 삶을 살고 있는 것처럼 보였다. 나는 한 번도 외국영화에서처럼 한껏 차려입고 가는 그런 파티에 가본 적이 없다. 그러나 그녀의 사진 속에는 근사한 드레스를 입고 사람들과 어울려 찍은 사진도 있었다. 정말 신기한 세상이었다. 갑자기 철없던 시절 동생과 나누었던 이야기가 생각난다.

"언니는 나중에 어른 되면 어떤 집에 살고 싶어?"
"나는 넓은 잔디밭이 있고 그 잔디밭에서 사람들이랑 칵테일 드레스 입고 파티도 하고 음악회도 열고 그런 집에 살고 싶어. 너는?"
"나는 멋진 2층에 화려한 욕실이 있는 집에 살고 싶은데."

둘이 마주 앉아 이런 이야기를 하면서 키득대던 모습이 갑자기 떠올랐다. 살포시 미소가 떠오른다. 요는, 그 지인은 내가 어릴 적 상상했던 멋진 드레스를 입고 근사하게 찍은 사진도 가지고 있었다는 것이다. 그러니 나는 세상 부러울 수밖에.

그런데 요즘 20~30대 MZ세대들은 영화에서처럼 어마어마한 규모는 아니더라도 친구들끼리 호텔 방을 예약해서 근사하게 드레스를 갖춰 입고 즐기기도 하고 나름 잘 누린다. 또 우정 사진이라 해서 캐쥬얼한 복장을 맞춰 입거나 드레시한 옷을 차려입고 사진 촬영을 하기도 한다. 그들에게는 내 머릿속 고정관념처럼 드레스 차림은 외국 사람들이나 하는 낯선 게 아니었다. 그들의 자유분방한 모습이 예뻐 보인다.

항상 만나면 자신의 지인들과의 즐거운 이야기만 하던 그녀가 나와 둘이 있는 자리에서 갑자기 힘들다는 이야기를 했다. 그녀의 삶은 늘 즐겁고 다채롭기만 한 줄 알았는데 의외의 말이었다. 무명이긴 하지만 연기하는 친구가 있어 그 친구를 통해 유명한 사람들을 많이 알게 됐단다. 하지만 그 유명한 사람들과 어울리려면 우선 경제적으로 너무 힘들다는 것이었다. 무슨 말인지 백번 이해가 되었다. 나도 사실은 그게 많이 궁금했기 때문이다. 평범한 직장인인 그녀가 어떻게 그런 근사한 생활을 하는지 늘 궁금했었다. 그리고 가장 괴로운 일은 그들과 헤어져 집에 돌아오면 정말 동화 속 신데렐라가 된 기분이라 했다. 밤 12시가 지나 다시 온몸에 잿가루를 뒤집어쓴 초라한 모습의 원래 신데렐라 말이다. 나는 그녀에게 그들하고 어울리는 이유가 뭔지 물었다. 맨 처음에는 그냥 좋아보여서 함께했단다. 평소에 해보지 않은 일들을 하는 게 즐거웠던 모양이다. 그러나 지금은 큰 의미 없다고 했다. 오히려 허탈감만 남는다고. 나는 연예계 쪽에서 일하고 싶어 미리 인간관계를 쌓아두는 게 아니라면 과감히 정리하라고 했다. 의미도 없고 부담감과 허탈감만 남는 관계를 굳이 지속할 이유는 없어 보였다. 그녀도 인정하는 듯했다.

나는 원래 끊어내기를 잘 못하는 성격이다. 나한테 아무짝에도 도움이 되지 않는 사람 같아 끊어내려 해도 참 쉽지가 않다. 내가 가장 매몰차게 끊어낸 것은 나의 중학교 때 친구 B이다. B와는 중학교 3학년 때 갑자기 친해졌다. 그전까지는 서로의 존재도 모르고 지냈다. 3학년 때 같은 반이 되면서 그리고 출석번호가 앞뒤 번호라 짝꿍이 되면서 급속도로 친해졌다. 고등학교를 서로 다른 곳에 진학하면서 우리 둘의 끈끈한 우정도 1년 만에 마무리되었다. 그러나 마음속에는 항상 좋은 친구로 남아 있었다. 그랬던 그 친구가 10년도 훨씬 지나 사회생활을 하고 있을 때 뜬금없이 연락이 온 것이다. 그렇게 반가울 수가 없었다.

내가 아는 B는 상당히 내성적인 성격의 소유자다. 그래서 그리 크지 않은 학교에 같이 다니면서도 2년간이나 모르고 지낸 모양이다. 누가 무슨 말을 하면 직접적인 대답보다는 항상 웃기만 할 뿐 다른 반응을 잘 하

지 않는 친구였다. 그러면서 은근슬쩍 나를 쳐다봤다. 그럼 나는 마치 B
의 대변인이라도 되는 것처럼 "B가 싫대." 혹은 "B도 그게 좋대."라고 답
변해주곤 했다. 그런데 그렇게 수줍고 말주변 없던 친구가 세상에나! 나
레이터 모델도 하고 갖은 다양한 일을 해봤다는 것이다. 그래, 사람은 사
회생활을 통해 정말 많이 변하는구나 싶었다. 살아남기 위해서는 변해야
하는 게 맞는 거구나 했다. 여전히 숫기 없어 보이는 면도 남아 있기는
했지만 내 마음속에 있는 B와는 상당히 다른 모습이었다.

그 이후로 계속 B는 나에게 연락을 해왔다. 서로 안부를 묻고 아이 이
야기, 남편 이야기 등 오랜만에 만난 친구들이 으레 그러듯 우리도 서로
의 일상을 알아갔다. 그러던 어느 날 B가 우리에게 다단계 상품으로 알
려져 있는 A제품을 써봤는지 물어왔다. 나도 그 브랜드의 제품을 써보긴
했다. 내가 직접 구매를 한 건 아니었지만 선물을 받기도 했고 누가 구매
한다기에 내 것도 사달라고 해서 써보기도 하고 했던 참이다. 특히 A브
랜드의 주방세제와 세탁세제는 주부들에게 좋은 평가를 받고 있었다. 또
그 당시에는 A브랜드의 영양제를 먹는 사람도 상당히 많았던 터라 나도
영양제까지 챙겨 먹고 있었다. 써봤노라고 했더니 어떻게 구매를 했는
지 묻는다. 사실대로 말해줬다. 선물도 받고 누가 산다기에 사달라고 했
다고. 그랬더니 그 친구의 목소리 톤이 달라졌다. 잘됐다며 얼른 그 사이
트에 들어가서 회원가입을 하라고 했다. 회원가입 절차에 추천인을 쓰는

난이 있는데 자기를 추천인으로 쓰면 된다 했다. 친구끼리 뭐 그게 어렵겠는가? 회원가입을 하고 B에 대한 예의상 치약을 하나 샀다.

그 일이 있은 후 B는 나에게 더 자주 연락을 해왔다. 물건을 더 사지는 않았는지, 이런 것 저런 것 좋은 게 많은데 사보라고. 그리고 또 연락이 올 때는 지난번 추천한 물건은 샀는지, 안 샀으면 왜 안 샀는지 물어봤다. 서서히 피곤함이 느껴졌다. 그토록 반가웠던 친구의 연락이 귀찮아지기 시작했다. 내가 주변 사람들에게 이야기를 하니 그 친구와의 연락을 당장 끊어버리라고 했다. 다단계 사업의 생리상 자신이 높이 올라가려면 그렇게 자신을 추천하는 사람이 많아야 하고 물건을 많이 구매해야 하기 때문에 앞으로도 계속 귀찮게 할 거라고 했다. 순간 배신감과 짜증이 밀려왔다. 그냥 솔직하게 말하지. 자신이 이런저런 일을 하는데 좀 도와줬으면 좋겠다고. 그랬다면 나의 반가운 마음은 그녀를 도와주라고 속삭였을 것이다. 소중한 친구가 도움을 요청하니 반갑게 도와줬을 것이다. 하지만 이런 방법은 아니었다. 치약 하나 사준 것도 화가 났다. 그리고는 그녀의 전화번호를 지워버렸다. 이후 전화가 와도 미안하다고 바빠서 통화를 할 수 없다고 했다. 그렇게 나는 그녀와의 관계를 정리했다.

인간관계는 서로 생각이나 마음이 오가는 관계여야 유지될 수 있다. 사람과 사람 간의 살아 있는 흐름인 인맥(人脈)이 되어야 의미가 있다는 것이다. 그 흐름은 쌍방 간에 좋은 느낌으로 이어져야 한다. 일방적으로 나에게서만 흘러가는 관계는 건강한 맥이 될 수 없다. 그럴 때는 과감히 끊어 버리면 된다. 과수원에서도 나무를 튼튼하게 하고 열매를 좋게 하기 위해서는 전정(剪定, 가지를 솎아주거나 잘라주는 작업)과 전지(剪枝, 나무 모양을 좋게 하고 열매를 튼튼하게 하기 위한 가지치기)를 한다. 사람의 관계도 다르지 않다. 나에게 의미 없는 사람들까지 관리하느라 에너지를 소모할 필요 없다. 내 삶에 꼭 필요한 관계가 아니라면 아쉬워하지 말고 과감히 정리를 해야 한다.

05

지금 이 순간 나만큼 세상에서 중요한 사람은 없다

언제부터였을까? 나는 힘들고 지칠 때면 나를 위해서 꽃을 샀다. 전철에서 내려 집으로 오는 방향 출구를 나오면 꽃수레가 있었다. 꽃집이 아닌 꽃수레. 꽃수레 아저씨는 매번 다른 꽃을 진열해놓고 있었고 나는 수시로 그 꽃수레에 들르면서 아저씨와 인사를 나누는 친구가 되었다.

내가 많이 힘들어 보일 때는 아저씨가 선물이라며 꽃을 한 묶음 더 주시기도 했다. 그렇게 작게나마 나는 나를 위한 선물을 종종 사곤 했다. 바닥이 꺼져버릴 것 같이 무거운 마음이다가도 꽃을 사와서 꽃병에 꽂다 보면 조금은 가벼워지는 느낌이 들기도 했다.

퇴직하고 나서 나 스스로에게 퇴직기념 선물을 사줬다. 아침마다 에스프레소 한잔으로 하루를 시작하곤 했는데 막상 직장을 그만두고 나니 그게 제일 아쉬웠다. 일주일을 여기저기 찾아보고 내가 최종적으로 선택한 제품은 '드롱기'. 이름만 읊조려도 괜히 기분이 좋고 내가 소중해지는 느낌이 든다. 아침마다 눈을 뜨면 제일 먼저 머신을 켜고 커피를 내리는 것으로 일과를 시작한다. 기분이 그렇게 좋을 수가 없다. 휴일 아침에 내가 살짝 늦잠이 들면 남편이 먼저 일어나 커피를 내린다. 코끝에 전해지는 커피향을 맡으며 눈을 뜨는 기분은 참으로 근사하다.

에스프레소 머신을 사고 났더니 차츰 욕심이 생겨 예쁜 커피잔도 사고 지금은 차를 마시기 위한 풀 세트까지 완비된 상태다. TV에서 개그우먼 박나래가 자신의 공간에 '나래빠'라는 이름을 붙여놓고 지인들과 좋은 시간을 보내는 게 나왔다. 그래서 나도 나를 위한 공간에 이름을 붙였다. 'Cafe BL'이라고. BL은 오래전 직장 상사분이 내 이름의 한자 뜻을 영어 단어로 직역한 것이다. 미(美) - Beauty, 애(愛) - Love. 그래서 내 이름의 영어 뜻은 'Beauty Love'라고 하셨다. 참 예쁜 이름이라고. 내 이름이 흔하디 흔한 이름이라고만 생각했는데 그 상사분의 유머러스한 직역 이후 나도 내 이름이 예뻐 보이기 시작했다.

일기를 써본 사람은 아마도 이 느낌을 알지 않을까? 나는 심심하면 과거 내가 써놓은 일기장을 들춰보곤 한다. 20대 초반에는 자물쇠가 달린 다이어리를 사서 아무도 모르게 비밀 얘기를 쓰고는 했다. 학교 다닐 때 숙제로 써야 할 때는 그렇게도 쓰기 싫던 일기가 어느 순간 쓰고 싶어졌다. 그때는 또박또박 예쁘게 쓴다고 쓴 글씨였는데 지금 보면 내 글씨가 영 맘에 들지 않는다.

한 장 한 장 읽어나가다 보면 언제나 눈길이 오래 머무는 곳은 갈팡질팡 나의 인생 오답이 적혀 있는 페이지다. 좋아서 죽겠다는 페이지는 잠시 배시시 웃어넘기게 되고, 실수해서 쥐어뜯고 있는 나의 오답 인생을 접하고 나면 과거의 그 시간으로 쭉 빨려가게 된다. 그리고 '고생 많았어, 그걸 헤치고 나와 여기까지 왔으니.' 하며 나를 위로하게 된다. 2015년 일기의 한 페이지이다. 많은 고민을 하고 있었고, 해결 방안을 찾기 위해 한 권의 책을 읽었노라고 적고 있었다.

골드만삭스 부회장을 하다가 하버드대학교로 옮겨 교수로 활발히 활동하고 있는 로버트 스티븐 케플런은 말한다. "나를 아는 것이 나를 이겨내는 힘이다"라고. 그의 저서 『나와 마주 서는 용기』를 보면, 세상에는 충분히 인정받고 박수받을 수 있는 사람이 오히려 객관적으로 자신보다 못한 사람과 스스로를 비교하며 괴로워하는 이야기가 나온다. 그것은 스스로가 자신과 마주하지 못했기 때문이라고 한다. 이런 사람들에게 그는 말한다.

"당신은 세상이 당신에게 부추기는 것들에 더 귀를 기울였고 그런 기대에 부응하기 위해 더 열심히 일하고 더 큰 성공을 거두는 것만이 답이라는 신념을 가져왔다. 하지만 당신은 자신보다 못한 경제력과 사회적 지위에도 불구하고 훨씬 더 행복해 보이고, 본인의 가치와 신념에 더 충실하며, 일과 인생에서 더 열정적이고 성취감을 느끼는 사람들을 만날 때마다 오히려 좌절하는 악순환을 겪어오고 있다. 자신만의 신념을 갖고, 타인의 시선을 두려워하지 말고, 삶의 주인답게 행동하길 바란다. 때로는 현실과 타협할 줄도 알아야 하며 배우는 것을 게을리하지 말아야 한다."

그가 이렇게 말할 수 있었던 것은 그게 바로 자신이 빠졌던 수렁이기 때문이다. 그는 경제적으로 힘들게 학창 시절을 보냈다. 그랬기에 열심히 공부하고 좋은 대학을 나와서 좋은 직장에 들어가 돈을 많이 벌어야 한다고 생각했다. 일탈이라고는 한 번도 해본 적 없었고 늘 완벽을 추구해 어느 곳에서나 최고의 자리에 있었다. 그렇게 골드만 삭스 최고경영자이자 부회장의 자리에까지 간 것이다. 그럼에도 불구하고 그는 늘 사람들의 이목에 신경이 쓰였고, 최선을 다해 사는 삶을 내려놓는 순간 인생이라는 게임에서 지는 것이라는 강박관념을 가지고 있었다.

어느 날 그는 자신에게 묻는다. '나는 제대로 살고 있는 것인가? 모두가 부러워하는 삶을 살고 있는데 나는 왜 공허한 걸까?' 결국 그는 지금까지 자신의 삶이 타인의 나침반에 기대어왔다는 것을 깨닫고 '진정한 나'를 찾아가기 위한 여정을 떠난다. 자신이 찾아낸 것을 바탕으로 비슷한 고민에 빠진 이들이 각자 삶의 방향을 찾을 수 있도록 돕기 위한 길, 그것이 바로 하버드대학교 교수로의 이직이다.

2015년도에도 많은 심적 괴로움이 있었던 모양이다. 이런 책을 찾아 읽고 이렇게 긴 내용의 일기를 쓴 걸 보면 말이다. 돌아보니 나 스스로 장하다. 많이 힘들었을 텐데 잘 헤치고 나와 지금은 그 고뇌에서 벗어나 있지 않은가?

나는 요즘 오로지 나에게 집중하고 있다. 몸도 마음도 최상의 상태를 유지하기 위해 많은 것을 스스로에게 해주고 있다. 사실 그동안 몸은 꽤나 생각했지만 마음을 위해서 해준 일이 없다. 몸을 위해서는 영양제도 먹고 맛있는 음식도 먹고 운동도 해줬다.

하지만 정작 더 많이 힘들고 아픈 마음을 위해서는 해준 게 없다. 오히려 무슨 안 좋은 일이 생길 때마다 나의 귀책을 만들어 마음을 괴롭히기만 했을 뿐. 그래서 요즘은 마음이 즐거운 것을 더욱더 많이 하고 있다.

퇴직하고 책을 150권 정도 구입한 것 같다. 향기로운 커피를 내려 마시며 여유 있게 책을 읽으면 마음이 참 편안하다. 이제는 더 이상 꽂을 공간이 없어 서재 바닥에 쌓이기 시작한 책들을 보면서 나의 지적 수준이 그만큼 높아지는 것 같은 행복한 착각에 빠져 보기도 한다.

영화도 꽤 많이 본 것 같다. 넷플릭스에 가입해서 언제든 좋아하는 영화를 찾아볼 수 있도록 나의 복지 수준도 향상시켜났다. 다른 사람들은 이미 그러고 있겠지만 나는 그런 것조차도 마음에게 배려하고 있지 못했다.

최근에는 플루트도 배우기 시작했다. 음악 듣는 걸 좋아해서 수시로 연주 영상을 찾아보긴 하는데 정작 나는 다룰 줄 아는 악기가 없었다. 그래서 나에게 또 선물한 것이다. 나도 하나쯤 악기를 연주할 줄 아는 즐거움을 누려보자 하는 생각에.

마음의 건강도 그렇지만 육체적인 건강도 신경을 쓰고 있다. 우선 잠자는 시간을 충분히 확보하고 있다. '상쾌한 아침~'이라고 많은 사람들이 인사를 하지만 정말 상쾌한 느낌으로 아침을 맞는 사람이 얼마나 될까? 나는 만성두통을 달고 살았다. 자고 일어나도 머릿속이 개운하지 않았고 항상 묵직한 통증이 남아 있었다. 하지만 그날의 업무들이 파노라마처럼 지나가기 시작하면서 까짓 두통 따위 신경 쓸 여력이 없었다. 그러나 요즘은 침대에서 일어날 때 정말 가뿐하다는 느낌이 든다. 아! 원래 자고 일어나면 이런 느낌이구나 하는 것을 최근에야 알게 되었다.

내가 그동안 알지 못했던 나의 새로운 재능도 발견했다. 맛의 조합에 대한 감각이 있었다. 살림은 언니가 거의 해줬기 때문에 사실 나는 주방 일에 그다지 신경 쓰지 않았다. 하지만 요새 김치를 담그고 갖가지 요리를 '이렇게 하면 이런 맛이 날 것 같은데?'라고 생각하고 해보면 정말 예상한 맛이 났다. 그게 그렇게 재미있을 수가 없다.

올여름에는 벌써 오이 피클만 네 번째 담갔다. 친정엄마한테, 경주에 계신 시어머니께, 동생에게 그리고 아는 지인들에게 막 나눠주고 있다. 이것도 나에게는 너무 즐거운 경험이다. 오이 피클 외에도 적채 피클, 샐러드용 미니 피클 등도 담가서 잘 활용하고 있다. 장아찌도 샐러리, 아스파라거스, 양배추, 고추, 모닝글로리 등 다섯 가지나 담가서 그때그때 골라가며 먹고 있다. 이런 게 소소한 마음의 행복인 것이다.

오늘을 마지막처럼 생각하고 버킷리스트를 고민해보라. 하고 싶은 것이 수없이 쏟아져 나올 테고 다 해볼 수 없음이 한없이 서러울 것이다. 내일 당장 나라는 존재가 없어진다고 생각하면 얼마나 오늘 하루, 지금의 내가 절실하겠는가? 그 마음 그대로 나 자신에게 사랑한다고, 고맙다고, 오늘도 수고했다고 다독여주도록 하자. 그렇게 하는 것이 진정 소중한 나에게 해주는 현명한 행동이다.

06

잘못된 오랜 습관을 바꿔라

얼마 전 TV에서 갯벌 낙지 잡는 모습을 본 적이 있다. 와! 보기만 해도 힘이 드는 작업이었다. 무릎까지 푹푹 빠지는 갯벌을 무려 서너 시간씩 돌아다녀야 겨우 서너 마리 잡았다. 움직이는 거리도 그렇거니와 실제로 낙지를 잡는 과정은 그야말로 초고난도였다. '부럿'이라 부르는 낙지의 숨구멍을 찾아야 한다. 숨 쉬는 게 어디 낙지뿐이겠는가? PD가 여기저기 동그랗게 생긴 구멍들을 비추자 어부는 "여기, 여기랑께." 하며 PD의 카메라를 돌려놓았다. 물이 퐁퐁퐁 올라오고 있는 새끼손가락만 한 구멍! 그게 낙지의 숨구멍 부럿이란다. 보자마자 구멍을 90도로 급하게 파 내려갔다. 과연! 세발낙지가 나왔다. 한 마리를 잡았을 뿐인데 어부는 이미 숨 가쁜 모습이다. 낙지를 잡으려면 부럿을 보는 순간 빠른 속도로 파 내려가야 한단다. 그렇지 않으면 순식간에 낙지가 사라진다고. 그리고 주변을 건드리면 안 된다고 한다. 그 구멍이 있는 각도로만 푹푹 파 내려 가야 원하는 낙지를 손에 쥘 수가 있다는 것이다. 뭐든지 집중이 필요했 다. 애먼 짓 하다가는 목표물을 잃어버리고 만다.

나의 안 좋은 습관 중 하나도 바로 그 애먼 짓이다. 뭐하나 시작하려면 무슨 생각이 그리 많은지 모르겠다. 또 그걸 하기 위해 준비해야 할 사항 은 갑자기 왜 그리 많이 보이는지. 도통 그 일을 시작할 수가 없다. 주위 에 나의 이런 행동을 단도리 해줄 만한 사람이 있으면 좀 낫겠지만 혼자 있는 경우에는 상념의 흐름대로 한참을 유영한 다음에야 일에 착수를 하 게 된다.

이런 경우도 있었다. 시간이 촉박해 주말에 출근해야 할 상황이었다. 월요일까지 국세청에 신고해야 할 일이 있어 부랴부랴 주말을 반납하고 출근한 것이다. 출근까지는 평일처럼 9시 전에 왔다. 일을 하려고 PC 앞 에 앉았는데 아무리 급해도 커피 한잔은 마셔야지 싶다. 그래서 커피를 한잔 내려온다. 커피 한잔 마시는 시간만큼이라도 여유를 갖자. 그리고 인터넷을 검색하기 시작한다. 엄청난 소식과 정보들의 무한 퍼레이드. 철커덕 걸려들고 만다. '음….. 그럼 그렇지, 맨날 수익을 낸다 하면서도 결국은 운영 적자인 거지. 내가 연금을 받을 수 있기는 한 건가?' 누군가 한 사람이 올린 글만 가지고는 확신이 서지 않는다. 다른 글들도 읽어본다. 사실인지는 알 수 없으나 온통 연금에 대한 불확실성만을 이야기하고 있다.

살짝 불안한 마음이 생기고…. '내 퇴직금은 얼마나 되는 거지?' 급여 시스템에 들어가 나의 퇴직금을 확인해본다. 이거 가지고는 턱도 없는데 싶다. 그래서 '개인연금'을 검색해보기 시작한다. 엄청 많은 글들이 좌라락 펼쳐진다. 연금상품을 내놓는 보험사 설명 자료만 해도 방대하다. 보험설계사들이 자신들의 SNS를 통해 수많은 글들을 올려놨다. 다들 자기한테 가입하라고 개인정보 노출을 아랑곳하지 않은 채 연락처를 공개해 놓았다. 연금상품들에 대한 설명을 보다가 문득 내가 가입한 연금은 어떤지 궁금해진다.

서랍 속에 들어 있는 보험가입증명서와 증권들이 들어 있는 폴더를 꺼낸다. 그리고 내가 가입한 연금상품을 꼼꼼히 보기 시작한다. 뭐 나름 쓸 만하다는 생각을 하며 마음을 놓는다. 그러다가 우연히 보게 되는 다른 보험 자료들. '어? 이 보험은 납입 만료가 얼마 안 남았네? 그럼 다른 보험을 하나 더 들어야 하나?' 다시 급여 시스템에 들어가 나의 급여 실수령액과 각종 공과금, 연금보험, 적금 및 월간 비용들을 비교해본다. 뭔가 조금 더 타이트하게 관리를 해야 할 필요성이 느껴져 월 수입액 대비 지출액 표를 엑셀로 만들기 시작한다. 그러기를 한 시간 남짓. 조금만 아낀다면 저축을 한 구좌 더 가입할 수 있을 것 같은 희망을 발견하고 기분이 좋아진다. '아, 잠깐! 남편이며 아이며 모든 보험을 나 혼자 관리하니 무슨 일이 생겨도 어떤 보험이 있는지 가족들은 모를 수도 있잖아! 같이 공유해야지.' 그리고는 엑셀 파일을 남편과 아이에게 메일로 공유한다. '됐어, 오늘은 여기까지.' 그렇게 상념의 흐름대로, 의식의 흐름대로 유영을 하다 정신을 차려보니 이미 오전은 지나가버렸다. 업무가 급해서 중요한 주말을 반납하고 출근한 것이었는데 벌써 한나절을 업무와는 상관없는 다른 일로 소진해버린 것이다.

나폴레온 힐의 『결국 당신은 이길 것이다』에 보면 힐과 힐 내부의 악마와의 대화 중 이런 부분이 나온다. 악마의 이야기 부분이다.

"자신의 마음을 지배하고 스스로 생각하는 인간은 내가 쳐놓은 거미줄을 피해갈 수 있지만 나머지 인간들은 태양이 서쪽으로 지는 것과 마찬가지로 자연스럽게 나에게 걸려든다네. 만일 누군가가 어떤 일에 대해서 조금이라도 망설이거나, 미루거나, 명확하지 않게 행동하면 그는 나의 손아귀로 한 걸음 다가오게 되는 걸세."

나는 여지없이 마음속 악마에게 걸려든 셈인 거다. 커피를 마시고 싶은 마음이야 어찌 할 수 없다 쳐도 커피를 가지고 와서 바로 업무에 착수

했어야 한다. 괜히 커피 마시는 시간만큼이라도 여유를 가져보자는 등 일을 미루게 되니 마음속 게으른 악마에게 잡혀 들고 만 것이다. 이런 좋지 않은 습관은 학생 때도 있었던 듯하다. 꼭 공부만 하려면 책상이 좁게 느껴지고 정리를 하지 않으면 공부에 집중할 수 없을 것 같다. 그렇게 책상을 정리해놓고 공부를 해야지 하면 졸음이 밀려온다. 아마 여러분도 경험한 일이 아닐까 싶다.

내가 고질적으로 안고 있는 두 번째 습관이 있다. 바로 과거로의 무한 회귀와 그곳에서부터의 나의 무능함 소환이다. 위와 같은 어리석은 짓을 한 경우 '어? 왜 그랬대? 정신 차리자 정신!' 이 선에서 끝나면 좋을 것이다. 하지만 나의 안 좋은 습관은 생각을 거기에서 끊어버리지 못한다. '내가 그렇지 뭐. 또 이랬네 또.' 하며 과거 잘못했던 순간을 끌어와 자책하는 것이다. 지나간 과거를 떠올려 항상 잘하기만 했던 사람은 없을 것이다. 잘하는 과정 중에 잘못하는 것이 나타나고 이를 고치고 개선하면서 좀 더 나은 나를 만들며 성장하는 것이다. 남들도 다 오류를 범하고 실수를 하면서 현재의 위치까지 왔을 텐데 나는 왜 과거의 나를 놔주지 못하고 현재까지 끌어와 괴로워하는지 모르겠다.

운동선수들이 경기 중 자기 최면의 말을 하는 걸 보게 된다. 이미 지고 있는 상황임에도 '할 수 있어! 할 수 있다! 아자 아자!' 그렇게 스스로에게 긍정의 힘과 에너지를 불어넣어주면 기적처럼 이기는 결과가 나타난다. 만일 그 상황에서 '이 경기는 지고 말겠구나. 그동안 내가 얼마나 열심히 했는데, 속상하다.'라고 경기를 체념해버리면 절대 이기는 일은 발생하지 않을 것이다.

며칠 전 2020 도쿄올림픽 여자배구 한일전이 있었다. 세트 스코어는 2:2의 상황이었고 5세트는 12:14로 우리나라가 지고 있었다. 일본이 한 점만 더 득점하면 지고 마는 숨 막히는 그 순간 선수들은 뭉치기 시작했다.

"해보자, 해보자, 후회하지 말고!"
"절대 포기하지 말자. 할 수 있다!"
"정말 해보자, 이건 해야 한다!"

리더인 김연경의 말이다. 그녀의 강력한 긍정의 에너지는 팀원을 하나로 결속시켰고 연속 4득점을 쏘아올려 기어이 세트스코어 3:2로 일본을 이기고야 말았다.

긍정의 힘은 어디에서나 훌륭하고 멋진 모습을 만들어낸다. 과거의 나의 부족함과 나약함을 마주 대하는 건 좋은 자세이다. 그러나, 그것을 과거에 두지 않고 현재로 끌어오는 것은 바람직하지 못하다. 과거의 잘못을 지금의 과오와 한데 묶어 마치 과거에서 지금까지 쭉 잘못된 인생을 살고 있는 듯한 자기 비하는 결단코 끊어내야만 한다. 그렇지 않으면 나의 마음속에 긍정의 힘과 에너지가 들어올 공간이 없게 된다.

습관과 행위의 다른 점은 의식을 가지고 하느냐 아니냐의 차이이다. 습관이란 이미 죽어버린 과정이며 자동적으로 반복되는 무의식적인 행위이다. 자신이 무엇을 하고 있는지 제대로 파악하고 나면 더 이상 기계적으로 행동하지 않는다. 습관을 깨뜨리는 것이 어렵다는 것은 그만큼 자신의 행동에 주의를 집중하고 있지 않다는 얘기다. 이제 의식을 바로잡고 내 행동의 목적이 무엇인지 그것에 집중하자. 남은 인생을 어떻게 살아갈 것인지를 고민하고 통제할 수 있는 힘은 바로 나 자신에게 있으니 말이다.

07

남의 기준이 아니라 내 기준에 맞춰 살아라

　한때는 훌륭한 사람들의 자서전이나 자전적 소설을 꽤나 좋아했었다. 나도 그들처럼 되고 싶다는 생각이 많았던 것 같다. 내가 제일 먼저 읽은 것은 금호그룹의 창업주 박인천 회장의 자서전이었다. 너무 감동 깊게 읽은 터라 이후 대우그룹의 김우중 회장, 그리고 현대그룹의 정주영 회장, 삼성그룹의 이병철 회장 자서전까지 모두 읽었다. 그들의 공통점은 늘 자신의 주관이 확실했다는 것이다. 항상 새로운 것에 도전해왔으니 누군가 먼저 알고 있는 사람도 없을 뿐더러 그렇다 보니 자신의 소신대로 밀고 나갈 수 있었는지도 모른다. 아직 고 이건희 회장의 자서전은 읽어보지 못했다. 하지만 그가 1983년 반도체 사업을 시작할 당시 일화는 알고 있다.

　이건희 회장이 반도체 사업을 시작하자고 부친에게 제안했을 때 모두들 비웃었다고 한다. 그럴 만도 한 것이 1983년도 당시 우리나라는 겨우 농업국에서 산업국으로 전환된 국민소득 2000불 남짓의 후진국이었기 때문이다. 당시에는 미래 먹거리를 운운하기보다는 당장 경제 발전에 기여할 수 있는 사업이 필요했다. 더구나 세계 반도체 시장은 이미 인텔이나 퀄컴이 장악한 상태였고 우리나라는 반도체 관련 기술을 가지고 있는 게 거의 전무한 수준이었다. 그러나 그는 '증기기관 하나로 세계를 제패한 영국처럼 우리도 반도체로 세계 정상 못 오르겠나.'라며 부친을 설득했고, 그렇게 시작한 사업이 2012년 세계 시장 점유율 1위를 달성했다. 그의 강력한 신념과 추진력이 이뤄낸 결과라고 할 만하다. 무엇인가를 이루기 위해서는 주변의 비웃음과 질타도 누를 수 있을 만큼의 뚜렷한 자기 기준이 필요하다.

　큰일에만 뚜렷한 자기 기준이 필요한 것은 아니다. 우리가 일상을 살아가면서 수시로 의사결정 해야 하는 모든 일들도 다 자기의 확고한 기준이 필요하다. 너무 많은 정보와 너무 많은 가치관들이 공존하다 보니 요즘 들어 '결정장애'라는 말을 자주 쓰는 것 같다. 하지만 좋은 사례는 결코 아니라고 본다.

나 스스로는 인정하고 싶지 않지만 사실 나도 결정장애를 경험하는 일이 종종 있다. 한번은 이런 일이 있었다. 기관의 사회공헌 사업이 나에게로 할당이 되었다. 공공기관의 사회적 역할로서 봉사 활동과 기부 활동 등을 추진하는 사업이었다. 처음 맡아보는 사업이라 어찌해야 할지 막막했다. 갑자기 생긴 이슈여서 전에 업무 담당자의 문서나 자료가 있을 리도 만무했다. 한동안 머릿속에서는 사회공헌이라는 글자만 떠다니고 있었다. 그러다 주말에 마트에 갔는데 마트에서 농어민들의 노고를 응원한다며 사회공헌의 일환으로 농수산물 대전을 한다고 써 붙여놓은 것이다. 가격 정책은 물론 구매 의욕을 높일 수 있는 이벤트 등에 관한 것들도 홍보하고 있었다. '아! 나도 저런 방법으로 직원들 참여 의욕을 높이면 되겠구나!' 봉사 활동이나 기부 활동이 취지는 훌륭하지만 막상 직원들을 동원하려면 쉬운 일만은 아니다. 그러니 어떻게 더 많은 직원을 참여시키느냐가 매우 중요한 요소였다.

고민은 오래 했지만 한번 아이디어가 떠오르자 계획(안)을 만드는 것은 어렵지 않게 할 수 있었다. 다 끝내놓고 선배에게 한번 봐달라고 부탁했다. 그 선배는 보고서를 잘 쓰기로 소문이 나 있었고 나의 계획(안)이 무사통과되기 위해서는 누군가의 객관적인 의견도 필요했다. 그러나 그 선배에서부터 제동이 걸렸다. 이렇게 하면 직원들이 다 싫어한다는 것이다. 내 딴엔 상당히 참신한 아이디어라고 생각해서 삽시간에 만들어낸

계획이었는데 많이 속상했다. 선배의 의견을 물으니 자신의 아이디어를
쭉 풀어놓았다. 하지만 내 계획에 이미 꽂혀 있기 때문인지 선배의 아이
디어가 허접하다는 느낌이 들었다. 하지만 선배의 보고서는 많은 사람이
인정하는 훌륭한 보고서가 아니던가? 마음이 내키지는 않았지만 계획
(안)을 모두 다시 써서 보고를 올렸다. 결론은 반려! 참신성이 떨어진다
는 의견이었다. 그러면서 내가 원래 계획서에 담았던 마트의 사례를 말
씀하시는 게 아닌가! 그런 참신한 아이디어를 적용해보라는 것이다. 아!
있는 대로 화가 났다. 그냥 보고할 걸 괜히 선배한테 물어봐서 이런 사단
을 만들다니. 그렇게 정확한 느낌을 받았으면서, 그래서 삽시간에 써 내
려 갔으면서 스스로의 생각에 확신을 못 갖고 남의 의견을 물어보고 흔
들렸던 나 자신에게 너무 화가 났다.

　이렇게 나 스스로의 기준을 정확히 잡지 못해 난감했던 적은 많이 있
다. 심지어 나 스스로 나의 옷매무새는 내가 제일 잘 안다고 자부하고 있
는 경우도 예외는 아니었다. 친구와의 약속 시간이 꽤 남아 있기에 백화
점에 들어갔다. 계절도 봄이었고 화사한 구두를 보러 갔다. 쇼핑을 하고
있는데 친구가 와서 자연스럽게 나의 쇼핑에 합류하게 되었다. 평소에는
여간해서 친구와 쇼핑을 같이하지 않는다. 내 스타일은 내가 잘 아니까
그냥 혼자 다니는 게 편했다. 그러던 중 나와 친구가 동시에 만족한 구두
를 찾았다. 가격이 꽤 비싸긴 했지만 사고 싶었다. 진열되어 있는 구두를

신어보니 발에 꼭 끼어 불편했다. 한 사이즈 큰 걸로 요청을 했는데 순간, 백화점 점원과 친구가 절대 아니라고 그냥 지금의 사이즈로 신어야 한다고 주장하는 것이었다. 내가 불편하다고 했으나 가죽은 신다 보면 늘어나서 지금이 아주 딱 좋은 상태라고 했다. 내가 사본 몇 안 되는 비싼 구두이기에 두 사람의 조언을 따르기로 했다. 내 주장대로 했다가 나중에 후회하게 되면 속상할 것 같았기 때문이다.

그러나 처음 신는 날부터 후회가 밀려오기 시작했다. 발뒤꿈치가 벗겨지고 발가락도 너무 아팠다. 나는 원래 꼭 맞는 신발 신는 것을 그다지 좋아하지 않는다. 새 신발을 사게 되면 동생한테 한두 번 신어서 길을 들여 달라고 한 적도 있다. 동생도 새 신발을 신으니 기분이 좋은지 흔쾌히 받아들이곤 했다. 그런데 이번 구두는 나보다 발이 살짝 큰 동생이 신을 수 없는 크기였다. 하는 수 없이 다시 백화점에 들고 가 늘려달라고 했다. 하지만 원래 내가 즐겨 신는 사이즈가 아니었으므로 늘린다 한들 발이 편하지가 않았다. 그렇게 모처럼의 백화점 쇼핑으로 구입한 예쁜 구두는 비싸기만 한 그림의 떡이 되고 말았다.

반면, 나의 기준대로 해서 두고두고 뿌듯한 적도 있었다. 구두도 그렇지만 옷도 너무 꼭 끼는 옷을 나는 거부하는 편이다. 여름에도 항상 재킷 입는 것을 좋아해서 사계절의 재킷을 고루 구비하고 있었다. 그날도 남편과 쇼핑을 하기 위해 나섰다.

보통의 남편들은 부인과 쇼핑 가는 걸 꺼렸지만 나의 남편은 별로 싫어하는 기색이 없었다. 오히려 자신이 골라준 옷을 내가 잘 입고 다니면 뿌듯해하고 기분 좋아했다. 게다가 너무 여성성이 넘치는 스타일을 자제하고 커리어우면 느낌이 제대로 나는 옷을 골라줘야 한다며 자신의 책임감까지 들먹였다. 나도 나쁘지 않았고 남편이 사준다고 하면 어차피 그 돈이 그 돈인데도 가격 부담 없이 편안하게 옷을 고를 수 있었다. 썩 맘에 드는 마 소재의 감청색 여름 재킷을 발견했다. 보는 순간 마음에 쏙 들었다. 마네킹에 입혀 놓은 제품 한 벌만 남아 있다고 했다. 내려달라고 해서 입어보니 표기는 내 사이즈였으나 나에게 좀 큰 느낌이었다. 그래도 나는 마음에 들었다. 남편과 점원은 한 치수 작은 제품으로 주문 요청을 하라고 했지만 나는 그냥 입기로 했다. 그 옷은 나도 좋아했지만 함께 살고 있던 동생도 좋아해서 서로 번갈아 가며 입었다. 거의 10년은 입은 것 같다. 여름 옷이라 보통 소매 끝단을 접어서 입었는데 어찌나 오래 입었는지 접힌 단이 해져서 너덜너덜해졌다. 그래도 나는 그 옷을 버리지 못했고 결국 천이 낡아 줄줄이 올이 나가기 시작할 때쯤 아쉬운 마음과 함께 버렸을 정도였다. 그리고 또 그런 옷을 사기 위해 같은 브랜드의 매장에 갔지만 찾을 수 없어 어찌나 아쉬워했는지 모른다.

본인의 일인데도 불구하고 스스로가 결정을 못 하는 이유는 내 생각보다는 상대방의 생각이 더 신뢰도 높아 보이고 합당한 것 같은 느낌이 들기 때문이다. 내가 맞다 생각하다가도 상대방이 반대 의견을 강하게 제시하면 내 의견이 순간 틀리는 것 같은 느낌이 들기도 하는데 이는 낮은 자존감이 원인이다. 혹은 두려움일 수도 있을 것이다. 괜히 내 의견을 고집했다가 후회하게 될까 걱정되는 마음. 차라리 상대방의 의견을 수용해서 후회하는 일이라도 만들지 말자 하는 마음 말이다.

하지만 내 삶의 주인공은 바로 나 자신이다. 다른 사람이 대신 살아줄 수 없지 않은가? 틀려도 나의 몫이고 후회를 하게 되어도 나의 몫이다. 진정한 내 삶의 주인이 되는 것! 그것은 자신의 주관대로, 자신의 기준대로 꿋꿋하게 살아가는 것이다.

08

지나간 과거와 작별하라

살면서 한 번쯤은 '왜 나야?'라는 생각을 해봤을 것이다. 내 뜻대로 일이 풀리지 않을 때, 나에게만 불행이 닥친다고 느낄 때 사람은 누구나 왜 그 대상이 하필 나여야 하는지 억울함을 호소하게 된다. 하늘을 쳐다보며 신을 원망하게 된다.

나의 유년 시절도 항상 원망과 슬픔으로 가득 차 있었다. "인생은 가까이서 보면 비극이고 멀리서 보면 희극이다." 찰리 채플린이 한 말이다. 고등학생 시절 나는 지독히도 내 삶이 비극적이라고 생각했다. 왜 나에게만 다른 친구들이 겪지 않는 지독한 가난이 닥쳐왔는지 모든 것이 싫고 괴롭기만 했다.

   고등학교 생활은 나와 맞지 않았다. 정말이지 미칠 것 같은 날들의 연속이었다. 등교하는 버스 안에서 여고 교복을 입은 중학교 동창들을 보는 것부터 숨이 막혀왔다. 나보다 공부 못했던 아이들이 여고 교복을 입고 보란 듯이 내 앞에서 우쭐대는 것 같았다. 공부하고는 담을 쌓았던 아이들도 버젓이 인문계 고등학교에 다니면서 대학 입학을 꿈꾸는데, 나는 왜 여상에 와서 취업을 하겠다고 이러고 있나 세상의 모든 것이 암흑이었다. '그렇게 대학에 진학하고 싶으면 하면 되지, 투덜대지 말고.'라고 말하는 사람도 있을 것이다. 그러나 내가 자꾸 푸념만 하게 된 것도 다 이유가 있었다.

   고등학교에 입학해서 교과서를 받았는데 이게 정규 수업 과목이 맞나 싶은 것들도 있었다. 주산? 타자? 주산이야 초등학생들도 학원에 가면 그냥 배울 수 있는 것이고, 타자야 자판 보고 두들기면 되는 것인데 이걸 수업 시간에 배운다고? 상업경제, 정보처리, 정치경제, 상업부기…. 이게 다 뭐란 말인가? 영어 과목도 특이하게 그냥 영어와 상업영어로 구분이 되어 있었고 국어와 수학, 과학 등 내 딴엔 중요 과목이라 생각되는 과목도 일주일에 두 번 수업하는 게 다였다. 심지어 한 번만 하는 과목도 있었다. 아! 어쩌자고 이런 어처구니없는 것들을 가르친단 말인가?

그 당시엔 그 모든 것들이 나에게 비극 그 자체였다. 상업고등학교이니 상업 관련 과목을 가르치는 건 당연한 것인데 나한테는 다 쓸모없어 보였다. 그러나 지금 생각해보면 부기를 배웠기에 내가 경영학을 전공하는 데 수월했고, 정보처리를 배웠기에 직장에서 회계 시스템을 구축하는데 나의 주관대로 끌어나갈 수 있었다. 이렇게 멀리 보면 비극은 단지 비극만은 아니다. 먼 후일 희극으로 나에게 남을 수도 있는 것이다.

그러나 어쨌든 나는 대학에 가야 했다. 그래야 내 꿈인 아나운서에 도전할 수 있었다. 다른 친구들은 열심히 해서 주산이든 타자든 학교에서 원하는 것 이상의 자격증을 땄다. 그게 취업에 도움이 될 것이라 생각했기 때문이다. 반면 나는 다 부질없어 보였기에 최소한의 자격을 갖추고는 손을 놔버렸다. 그리고 어떻게 하면 대학에 진학할 수 있을까만 고민했다. 그러나 신은 정말 나를 미워했던 것일까? '대학수학능력시험'이라는 생전 처음 들어보는 말이 나돌기 시작했다. 대학입학 시험을 기존에 봤던 학력고사로 보는 게 아니라 했다. 공부 잘하는 친구들도 수능시험 성적은 엉망으로 나온다고 했다. 너무 복잡하고 어렵고 왜 우리 때 입학 제도가 바뀌느냐며 투덜거리고 있었다. 그게 어떤 시험이길래 그렇지? 궁금해서 귀가 쫑긋 섰지만 차마 여고 친구들에게 물어보지 못했다. 얄팍한 나의 자존심이 그들에게 그런 정보를 얻는 것에 상처를 입었기 때문이다. 1년 남짓 서점에 가서 혼자 문제집을 사다 풀어보며 공부하던 짓을 포기했다. 서점 주인도 수능에 대해 잘 모르고 있었고 이제 막 도입 시기이니 그와 관련된 문제집도 없다고 했다. 포기해야 했다. 아…. 나의 아나운서 꿈은 이렇게 멀어지는가….

방황과 회한으로 거의 1년을 보냈는데 이게 뭐란 말인가? 대학교 진학을 포기해야 하는가? 너무 서럽고 괴로웠다. 마음속으로 대학 입학이라는 목표를 내려놓던 그날 밤, 나는 상당히 긴 나의 포부를 담은 글을 쓰고 끝자락에 각오를 썼다. 그냥 볼펜으로 써놓는 것만으로는 나를 강하게 묶어 둘 수 없을 것 같았다. 눈을 꼭 감고 커터칼로 새끼 손가락을 베었다. 그리고 나의 각오를 꾹꾹 눌러썼다. '지금의 물러섬이 끝은 아니다. 무슨 일이 있어도 대학에 진학하여 아나운서가 된다!!!' 새빨간 핏자국으로 각오를 써놓고 밤새 그걸 붙잡고 울었다. 깊이 베이지 않았다고 생각했는데 피는 멈추지 않고 계속 나왔다. 눈물도 멈추지 않고 계속 흘렀다.

그렇게 대학 입학 공부를 내려놓고 보니 할 게 없었다. 그렇다고 여상에서 탑 클래스 안에 들어보겠다고 열심히 공부하고 싶지는 않았다. 집에 성적표는 가지고 가야 하니 시험 기간에만 바짝 당겨 벼락치기로 공부해서 시험을 봤다. 그래도 엉망인 성적은 아니었다. 학교생활이 너무 여유로웠다. 이렇게 허송세월할 수는 없었다. 어느 날 버스를 타고 집에 오는데 버스 차창으로 '공무원 준비, 박문각 도서 반값 판매' 이런 글귀를 써 붙여놓은 건물이 보였다. 공무원 준비? '아! 그래, 공무원이 있었지. 공무원은 학벌을 안 따지지.' 생각이 거기에 미치자 빨리 공무원 공부를 해야겠다 싶었다. 그게 고등학교 2학년 여름방학 직전이었다. 돈이 없다는 엄마를 붙잡고 울고불고 떼를 써서 결국 책을 구입해 부랴부랴 공부를 시작했다. 책을 한 번 다 보려면 적어도 1년은 걸린다는데 너무 늦은 것 같아 마음이 보통 급한 게 아니었다. 고등학교 졸업 전에 공무원에 합격하고 싶었다. 그날부터 나의 코피 터지는 일상이 시작되었다.

하지만, 하루하루를 살아내기도 힘겨운 엄마는 내가 공부만 하도록 내버려 두지 않았다. 이슬이 흠뻑 내린 첫 새벽부터 두들겨 깨웠다. 햇살이 뜨거워지기 전에 한 고랑이라도 더 밭을 매라는 재촉이었다. 나는 밭에 가자마자 나의 하루 작업량을 정해서 엄마와 동생에게 선포를 했다. "나는 오늘 콩 밭 세 고랑만 매고 공부하러 갈 거야. 더 시킬 생각하지 마." 2천 평이 넘는 밭 고랑은 꽤나 길었다. 느낌상으로는 끝이 없는 것 같았다. 한번 앉으면, 이글이글 등이 타들어가는 느낌이 들어도 그냥 버텼다. 얼굴에서는 땀이 뚝뚝 떨어졌고 접힌 오금에서부터 등판 전체까지 땀띠가 났지만 목표를 다 하고 도서관에 가야 했다. 그런 생활은 여름방학 내내 계속되었고 나는 걸핏하면 코피를 흘렸다. 그런 나를 봐가면서도 어린 동생은 자기만 남겨놓고 시원한 도서관에 간다며 나를 원망했다. 엄마는 뭔 공부를 그렇게 맨날 피 터지게 하냐며 밭일을 더 하지 않는 나를 책망했다. 내 인생은 이게 뭐란 말인가? 다른 집 부모님들은 애들이 공부를 안 해서 큰소리 내는데 나는 내가 알아서 열심히 하겠다는데도 왜 자꾸 태클을 건단 말인가? 내 앞날을 책임져 줄 것도 아니면서 왜 자꾸 나의 발목을 잡느냔 말이다.

공부할 시간은 턱없이 부족했다. 여름방학은 금방 지나갔고 가을이 스쳐 지나가자 바로 겨울이 되었다. 학교 정규 수업이 끝나면 득달같이 시립도서관으로 달려갔다. 그래 봐야 막차를 타려면 겨우 4시간 정도밖에 공부를 할 수가 없었다. 그렇게 2학년 겨울방학이 되었다. 엄마는 겨울방학에도 나를 그냥 내버려두지 않았다. 스테인리스 밥통에 밥을 한 통 담고 반찬 통에 동치미와 배추김치를 썰어 담은 후 나와 동생을 데리고 산으로 갔다. 땔감을 하라는 것이었다. 물론 연탄 보일러를 쓰고 있었고 가스레인지도 있었지만 엄마는 밥할 때 꼭 화덕에 불을 때서 밥을 하셨다. 그리고 집에서 기르는 개들에게 먹일 죽도 그렇게 끓이셨다. 그러니 땔감이 많이 필요했다. 간벌한 산판을 헤매고 다니며 땔감을 주웠다. 점심 때가 되면 그 추운 겨울에 차가운 밥과 동치미, 그리고 배추김치로 산 속에서 밥을 먹었다. 배가 고파 먹긴 했지만 밥을 먹고 나면 온몸이 사시나무 떨듯 덜덜 떨렸다. 차가운 것이 배 속에 들어가니 어찌 안 그렇겠는가? 그럼 엄마는 움직이면 몸에서 열이 난다며 다시 땔감을 주우러 바삐 움직이셨다. 그렇게 그해 겨울방학도 공부는 거의 못 한 채 지나갔다.

살짝 돌고 돌긴 했지만 어쨌거나 경기도 공무원이 되긴 했다. 하지만 결국 아나운서는 어쩔 수가 없었다. 내가 대학을 졸업하고 나니 아나운서 시험 응시 나이가 이미 지나 있었다.

바쁘게 사회생활을 하면서 내가 스프링노트에 혈서를 썼다는 걸 까맣게 잊고 있었다. 몇 해 전이던가…. 동생이 그랬다. 자신이 고등학생 시절 책상을 정리하다가 우연히 나의 스프링노트를 보고 너무 불쌍해서 한참을 울었다고. 나와 동생의 유년 시절 기억은 온통 이런 내용으로 꽉 차 있다. 간간이 내가 친한 사람에게 어릴 적 얘기를 하면 대부분 이런 반응이다.

"아, 네네~~ 공주님, 그런 무수리 체험도 해보셨어요?"
"야~ 책 많이 읽는 건 알았지만 읽어도 너무 많이 읽었다~ 누구 시대 얘기냐?"

다행이다. 나에게서 과거의 그런 힘든 모습을 찾을 수 없다니 얼마나 감사한 일인지 모른다. 몸은 과거의 흔적에서 완전히 벗어난 듯하니 이제 생각만 과거와 작별하면 된다. 어릴 적에 만든 기억은 단순히 기억 정도가 아니라 뇌에 각인되어 트라우마를 일으키는 것 같다. 지금의 나는 경제적인 문제도 없고 슬픔에 차 있지도 않다. 그러나 속마음은 아직도 과거의 끈을 놓지 못하고 자꾸만 과거 속으로 침잠되는 경우가 있다. 이제 지금의 행복 가득한 나와 과거의 우울한 나는 손을 놓아야 할 시점이다. 과거의 작고 위축된 어린아이는 내 기억에서 놓아주어야 할 때이다. 어두운 과거에 발목 잡혀 밝은 미래의 기운을 받아들이는 데 문제를 일으켜서는 안 된다. 과거와 작별하지 못하면 미래와 작별한다고 하지 않던가? 지나고 보니 내가 부당하고 불합리하고 괴롭다고 느낀 일들이 다 희극으로 보인다. 찰리 채플린이 한 말이 거짓은 아닌 것 같다. 이제는 밝은 생각 좋은 마음으로 앞으로 힘차게 나아가기만 하면 된다.

A HAPPY INDIVIDUALIST

5 장

나
자신에게
당당해져라,
그것만으로도
내 인생은
빛난다

나는 사랑받을 자격이 있는 사람이다

나의 아이가 유치원에 다닐 때이다. 유치원에서 발표회를 한다며 아이 편에 집으로 초청장을 보내왔다. 초청장에는 유치원 특유의 깜찍한 이미지들이 그려져 있고 안쪽에 장소, 일시, 참석 대상, 발표 내용 등이 적혀 있었다. 그리고 참석 여부 및 참석자를 표기해달라는 회신 용지도 함께 들어 있었다.

평일 오후이긴 했지만 아무리 일이 바빠도 아이의 발표회에 빠질 수는 없지. 모든 것을 던져 놓고 아이를 위해서 하루 보내자 하는 생각에 참석 여부에 동그라미를 하고 참석자는 '엄마, 아빠'라고 표기해서 아이의 유치원 가방에 넣어주었다.

일주일 뒤, 남편과 나는 여유 있게 낮 시간을 보낸 후 발표회 시간에 맞춰 캠코더와 카메라를 메고 아이의 유치원으로 향했다. 세상에, 아이들이 너무도 예쁘고 귀여웠다. 마치 살아 움직이는 인형들 같았다. 예전에는 미운 일곱 살이라 했지만 요즘 아이들은 미운 다섯 살이라고 한다. 아이들이 말귀를 알아듣고 자기의 생각을 전달하기 시작하면서 말대꾸하는 시기가 전에는 일곱 살이었는데, 요즘은 그게 빨라져서 다섯 살이면 이미 그런 행동을 하기 때문이다. 나의 아들도 딱 미운 다섯 살이라 집에서는 말도 참 안 듣는다. 그런데 그런 얄미운 아들이 그 투명한 눈을 선생님께 맞추고 반짝반짝 선생님의 말과 행동 하나하나를 따라 하는 것이다. 비단 우리 아이만 그런 게 아니다. 다른 아이들도 오로지 두 눈을 선생님께 붙박아 두고 열심히 배운 것을 따라 하고 있었다.

첫 번째 무대에서는 토마토의 모양을 하고 있었다. 토마토 꼭지 모양의 모자를 쓰고 옷은 동글동글 부풀려서 토마토 모양이 되게 했다. 그리고 나오는 노래는 '(……) 나는야 주스 될 거야 꿀꺽~ 나는야 케첩 될 거야 쭈욱~ 나는야 춤을 출 거야~ 멋쟁이 토마토, 토마토!' 너무 깜찍하고 너무 귀엽고 뭐라고 설명할 수가 없었다. 사방에서 플래시가 터졌고 엄마 아빠의 환호성이 터져나왔다. 나도 그 복잡한 통에 아이 이름을 불러주며 연신 박수를 쳤다. 무대가 닫혀도 엄마 아빠들은 서로 감격을 나누느라 시끄럽기만 했다. 나도 뭔지 모를 감격에 목이 메이기도 했다.

그리고 잠시 후 다시 시작된 두 번째 무대. 아! 정말 인형이 아니고 사람이 맞는단 말인가? 남자 아이들은 파란색 바탕에 은색의 별들이 반짝이는 엘비스 프레슬리 옷을 입고 여자 아이들은 같은 디자인의 짧은 치마와 배꼽이 쏙 드러나는 탱크톱을 입었다. 이번에는 커플을 이루어 귀여운 춤을 추는 순서였다. 한 쌍을 반짝 들어다 거실장 위에 올려두어도 장식물로 전혀 손색이 없을 만큼 그렇게 귀여울 수가 없었다.

다음 순서로 볼록한 배를 내밀며 발레복을 입고 발레를 하기도 했고 각자 한 사람씩 앞에 나와 또랑또랑한 목소리로 이름과 자기의 꿈을 얘기하는 시간도 가졌다. 자기의 아이가 앞으로 나오면 그 아이의 엄마 아빠는 거의 뒤로 넘어갈 듯 대견해하고 감격스러워했다. 그러나 아무도 그런 행동에 눈살을 찌푸리지 않았다. 다들 똑같은 마음이니까. 그리고 그간 준비한 마지막 순서가 되었다. 다시 무대가 닫히고 한참 뒤에 아이들이 다 같이 나와 조용히 손을 잡고 섰다. 그리고 선생님의 피아노 반주에 맞춰 노래하는 아이들.

"당신은 사랑받기 위해 태어난 사람~ 당신의 삶 속에서 그 사랑 받고 있지요~ 당신은 사랑받기 위해 태어난 사람~ 당신의 삶 속에서 그 사랑 받고 있지요. 태초부터 시작된 하나님의 사랑은…."

한 구절을 들었는데 갑자기 눈물이 투둑 떨어졌다. 대단한 무엇인가도 없었고 그냥 아이들이 주욱 서서 노래를 하고 있을 뿐인데 눈물이 차오르고 그걸 참느라 목구멍이 아파 그 자리에 서 있을 수가 없었다. 당신은 사랑받기 위해 태어났다고…. 당신의 삶 속에서 그 사랑 받고 있다고…. 아이들의 그 작은 울림이 상처투성이인 나를 토닥토닥 위로해주는 느낌이었다. 많은 초롱초롱한 눈들이 나에게 힘을 내라며 응원을 해주는 느낌이었다. 밖으로 나와 한참 동안 숨을 가다듬고 눈을 깜빡여 고인 눈물을 흘려보냈다. 심호흡을 하고 스스로 가슴을 쓸어내린 후에야 다시 들어갈 수 있었다.

첫 번째 노래가 끝이 나고 아이들이 대열을 다시 맞추더니 다음 노래를 준비하고 있었다. 그리고 다시 시작된 노래.

"딩동댕 초인종 소리에 얼른 문을 열었더니 그토록 기다리던 아빠가 문 앞에 서 계셨죠 너무나 반가워 웃으며 아빠하고 불렀는데 어쩐지 오늘 아빠의 얼굴이 우울해 보이네요 … 아빠 힘내세요 우리가 있잖아요 아빠 힘내세요 우리가 있어요 힘내세요(아빠 사랑해요)"

이제는 봇물이 터졌다. 너 나 할 것 없이 콧물을 훌쩍이고 흐느꼈다. 어떤 아빠는 어찌나 감격에 겨운지 "그래, ○○야! 아빠도 사랑한다."라고 외치기도 했다.

그렇게 뜨거운 무대를 끝으로 발표회가 끝났다. 마지막의 여운은 한동안 계속되었고 원장 선생님이 무대에 올라와 감사 인사를 전하며 각자 아이들을 데리고 집으로 가도 된다고 안내했다. 다들 자기 아이를 찾았고, 끌어안고 뽀뽀하고 마음껏 애정 표현을 해줬다. 정말 감동적인 발표회였다.

그날 밤 나는 잠을 잘 수가 없었다. 쌔근쌔근 잠들어 있는 아이가 보기도 아까울 만큼 소중해서였고, 이렇게 기쁨을 주는 아이에게 더 많은 사랑을 주지 못한 미안함 때문이었다. 직장생활을 하겠다고, 그 틈바구니에서 어떻게든 살아남아보겠다고 발버둥 치는 사이 아이는 어느새 아기에서 어린이로 자라 있었다. 나의 부족한 사랑 속에서도 아이는 무럭무럭 자라고 있었다.

모든 엄마들이 조금씩은 자기 아이에 대한 미안함을 가지고 있을 것이다. 나의 아들은 세 살 이후쯤부터 수시로 두드러기가 났다. 병원에 가니 엄마에게서 받은 면역력이 다 떨어져서 그런 거라며 자라면서 차츰 스스로 면역력을 기르면 없어질 것이라고 했다. 그 말을 들으며 얼마나 미안했는지 모른다. 아이가 배 속에 있을 때 태어나기 직전까지 야근을 했고, 아이를 낳고도 황달 증상과 영양 불균형으로 초유조차 먹이지 못했다. 출산 직후 계속 약물 투여를 했기 때문에 먹이지 않는 게 좋다는 의사의 이야기 때문이었다. 엄마의 초유에 면역 성분이 가득하다는데 나는 그것조차도 아이에게 먹이지 못한 것이다.

아이가 초등학교에 다닐 때에도, 중학교에 다니면서 어린이에서 청소년이 됐을 때도, 어린 나이에 혼자 외국에 나가 공부를 할 때도 나의 사랑은 부족하기만 했다. 마음이 부족한 건 결코 아니었지만 아이에게 직접 표현하지 못한 사랑은 어쩌면 사랑을 준 것이 아닐지도 모른다. 아이에게 사랑을 표현해준 절대적인 시간이 턱없이 부족했다.

어떻게 보면 모든 측면에서 부족한 사람으로 보일 수도 있겠다. 아이에게 모든 정성을 쏟아붓지 못했으니 엄마의 삶으로도 부족하고, 그렇다고 그렇게 열심히 살아온 사회생활에서도 부족함이 없는 것이 아니다. 하지만 동전도 양면이 있고, 주사위도 1점이 있다면 반대편에 6점이 있다. 나의 삶도 어찌 보면 부족하고 뭐 하나 완성한 것이 없는 삶처럼 보일 수 있으나 반대로 한번 생각해보자. 어느 한 부분도 소홀히 한 것이 없다. 말 그대로 슈퍼우먼의 몫을 다 해내고자 직장에서도 가정에서도 게으름을 부리며 편안해본 적 없이 성실히 살았다. 아줌마라고 나를 가꾸는 일에 허술해지지도 않았고, 아이가 있으니 가정에 충실해야 한다며 직장에서 티 내본 적 한 번 없다. 오히려 직장에서 애는 누가 키우냐며 의아해하는 질문을 받아보기는 했다. 나 스스로 사회생활에 더 큰 비중을 두고 있었던 것이 사실인지라 가족들이 많은 부분을 양해해준 걸 모르지 않는다. 그래도 가정에서 내 몫을 아예 놓아버린 것은 아니었다. 내가 할 수 있는 한 최선을 다했고 아이도 '엄마는 직장생활만 열심히 해'가 아니라, '우리 엄마는 정말 열심히 사신다'라고 말해주는 것을 보면 안다. 그런 말을 들으며 위안을 삼는다.

꼴찌 한 마라토너는 비난을 받아야 하는가? 결코 그렇지 않다. '꼴찌에게 박수를'이란 말이 괜히 있는 게 아니다. 얼핏 보기에 1등에 비해 많이 부족한 사람으로 보이지만 꼴찌를 했더라도 마라토너로서 끝까지 열심히 달린 그의 노력은 박수갈채를 받아야 한다. 나는 나 스스로를 마라토너에 비하고 싶다. 사회인으로서 빛을 발하며 살았다고는 할 수 없으나 항상 내 자리에서 스스로 쉬지 않고 달리느라 많이 힘들었다. 1등으로 달리는 사람이 1등만큼 힘들었다면 뒤에서 달리는 나도 그만큼 쉽지 않은 여정이었다. 남에게 해가 되지 않으려고, 그리고 나 스스로 좀 더 나은 사람이 되려고 담금질한 시간이었다. 신이 아닌 이상 완벽하게 살았다고 할 수는 없으나 자신의 삶에 스스로 칭찬해줄 수 있으면 그걸로 족하지 않을까? 나의 행적을 칭찬해주고 당당하게 살아간다면 그것도 멋진 모습이 아닐까? 내 삶의 성적표는 참 다양한 점수로 채워진 듯하다. 동그라미로, 어떤 건 세모로, 어떤 건 가위표로. 이렇게 다양한 모습으로 채점되어진 나의 경험들이 앞으로 내 삶에 어떤 자양분 역할을 해줄지 오히려 앞으로의 날들이 기대된다.

02

행복한 개인주의자가 되라

한 번도 해보지 않은 일은 낯설고 막막하기만 하다. 나도 막상 스스로에게 행복한 개인주의자가 되자고 다짐하고 그렇게 해보고자 했지만 뭘 어떻게 해야 하는지 알 수가 없었다. 그래서 나는 그동안 내가 늘 뒤돌아서서 후회했던 부분부터 바꿔가기로 했다.

우선, 나 자신에게 친절해지기로 했다. 나에게 친절하지 않은 사람들에게조차 친절하고자 애쓰는 일을 그만하려고 한다. 나도 사람인지라 간혹은 나에게 무례한 사람에게 화를 낸 적도 있다. 하지만 그래 놓고 뒤돌아서서 마음 불편해하고 기회가 되면 풀어야지 다짐하곤 했다. 분명히 상대방이 잘못한 상황인데도 내가 그 사람에게 저항했다는 이유만으로 나는 마음속에 돌을 매달아 놓기를 반복하고 있었다. 마음이 좀 불편하더라도 이렇게 저항을 했으면 다행이다. 그러나 대부분은 '아이고, 참자 참아. 내가 말을 말아야지.' 하는 생각에 상대방의 무례함에 대응하지 않았다.

하지만 내 감정을 자세히 들여다보자. 나는 상대방의 무례함에 화가 나고 그걸 표현하고 싶다. 그걸 나의 이성이 억누르고 있는 것이다. 그럴 땐 선 긋기부터 조금씩 실행에 옮겨보는 것이다. 상대방이 무례한 말이나 행동을 할 때 맞장구쳐 화를 내지 않아도 된다. 그냥 살짝 무시해보라. 말대꾸를 하지 말고 몇 초간 침묵을 지킨다. 표정에서 웃음기를 쫙 빼고 말이다. 그러면 상대방은 순간 당황하는 모습을 보이게 된다. '어? 원래 이런 사람이었나? 살짝 긴장되는데?' 이렇게 나를 어려워하게 만들어야 한다. 그거면 됐다. 그다음부터는 나에게 함부로 대하지 못할 것이다. 상대방의 도발에 내가 꿈쩍도 하지 않으면 주눅이 드는 건 내가 아닌 바로 상대방이기 때문이다. 이렇게 무례한 사람에게 내 감정의 에너지를 쏟는 대신 그 에너지를 나에게 쏟아부어주자. 나에게 친절한 개인주의자가 되는 것이다.

두 번째로 내 감정을 내가 책임져주는 것이다. 우리는 좋은 감정을 전달하는 데는 익숙해져 있다. '고마워, 축하해, 기분 좋아, 즐거워, 행복해 그리고 사랑해.' 이런 감정들은 상대방에게 전달할 때 아무런 거부 반응이 없다. 하지만, '슬퍼, 외로워, 우울해, 힘들어, 괴로워, 짜증 나 그리고 미워.' 그런 감정들은 남에게 전달하기가 매우 어렵다. 이는 말하는 사람도 듣는 사람도 모두에게 무거운 감정들이다. 그렇기 때문에 나 혼자 감당해야 할 때가 많다.

그러나 생각해보면 감정은 누가 나에게 주는 것이 아닌 내가 만들어 낸 것이다. 예를 들어보자. 아침 출근하는 길에 남편이 혹은 아내가, '당신 때문에 정말 행복해. 이런 행복을 줘서 고마워.'라고 애정 표현을 했다고 말이다. 하루를 살아갈 원동력이 하늘을 찌를 것이다. 그렇게 출근했는데 동료와 말다툼을 한 것이다. 그때 우리는 그 동료가 별로 신경에 거슬리지 않는다. '별것도 아닌 일로 트집이네', '짖어라 짖어', '왜 맨날 저러지? 전생에 수탉이었나?' 이렇게 말이다. 왜냐하면 나는 세상의 모든 것을 이겨낼 수 있을 사랑이라는 큰 힘을 받았기 때문이다. 하지만 부부싸움을 한 아침의 상황이라면 어떻겠는가? '나는 왜 보는 사람마다 못 잡아먹어 안달이지?', '집이나 회사나 진짜 다 싫다', '나는 왜 되는 일이 없나'라고 심각해진다.

이렇게 외부의 같은 자극이라 해도 내가 느끼는 감정은 다르다. 그 순간을 툭 치고 벗어나는가 하면 나의 내면까지 끌고 들어와 전전긍긍하는 경우가 있다. 잘 생각해보면 그 감정의 선택은 내가 한 것이다. 나의 그 날그날 상황에 따라 대수롭지 않게 혹은 심각하게. 심각한 감정들의 뒤엔 상처받은 내가 있다. 상처받고 힘든 나는 다른 사람들의 자극에 너무 민감하게 반응한다. 이런 감정에 책임져줄 사람! 바로 나이다. 내 주위에 나쁜 사람들만 있어서 괴로운 게 아니다. 나를 사랑해주는 사람이 없어서 힘든 게 아니다. 내 감정에 내가 책임을 지자. 그러면 세상을 탓하며 계속 가라앉는 나를 더 이상은 보지 않아도 될 것이다. 그렇게 내 감정을 정면으로 마주봄으로써 세상에 얽매였던 내가 비로소 자유로워질 수 있다.

세 번째는, 모든 사람들이 다 각기 알아서 행복하게 살도록 내버려 두는 것이다. 인터넷에 떠돌던 말 중에 이런 게 있었다. '내 꿈은 부잣집 딸인데 아빠가 열심히 돈을 안 벌어요.' 너무 황당하긴 한데 저 사람 진짜 머리 좋다 그러면서 한바탕 웃었다. 그런데 옛날의 엄마들은 정말 다 그랬다. 슬하의 자식들이 다 잘되어야 자신이 행복해진다고 생각했다. 다들 공부 잘하고 돈 잘 벌고 다 성공해야, 그러고 난 후에야 자신이 행복할 수 있다고 생각했다. 자신의 행복을 자신의 통제권 밖에 두고 있었다. 그래서 지금도 눈을 뜨면 자식 걱정이다. 그러니 자식들이라고 가만히 있을 수 있는가? 나 때문에 엄마가 힘들면 안 되니까 항상 엄마를 챙겨야 하고 지금 내가 성공하지 못한 것 같아 미안한 마음에 더 잘 해드려야 하고. 이렇게 서로 간에 부담을 주는 사이가 되는 것이다.

　사람과 사람 간의 관계는 서로에게 부담을 주지 않는 선이 가장 좋은 관계이다. 친구의 생일인데 놓쳐서 미안하다고 생각할 것 없다. 나중에 생각나면 배시시 웃으며 놓쳤으니 밥 한 번 사겠다고 하면 된다. 한동안 가족들에게 연락도 안 해서 너무 미안하다고 생각되면 생각나는 바로 그 때 가족들에게 안부를 물으면 될 것이다. 나에게 200을 원하는 팀장 앞에서 100만큼밖에 못하는 나 자신을 부끄러워하지 않아도 된다. 나는 그에게 나의 기대치를 그렇게 높여 달라고 한 적이 없다. 나에게 실망하는 것도 그의 몫이고 나에게 화가 나는 것도 그의 몫이다. 실망하고 화나는 그에게 나는 책임이 없다. 내가 상대방에게 너무 잘하려고 노력하다 보면 어느 순간 '내가 어떻게 했는데'라며 상대방에게 실망하고 곧 그 인간관계는 깨지고 만다. 상대방의 잘못이 아니다. 그러니, 다들 각자 알아서 잘 살게 내버려두자. 철저하게 나를 지키고 있는 것! 아무에게도 나를 내어주지 않는 것! 그게 진정한 개인주의자의 자세다.

　그리고 마지막으로, 기꺼이 세상에 호의를 베풀어주자 하는 것이다. 사람들은 가끔 폐쇄적 자기중심주의와 개인주의를 혼동하는 경우가 있다. 그 둘의 가장 큰 차이점은 고립된 삶을 사느냐 그렇지 않느냐이다. 혹은 사회나 공동체의 역할에 무신경하냐 그렇지 않느냐라고 구분 지을 수도 있다. 아주 비근한 예로 2년 전 일본의 수출 규제 문제가 발생했을 때를 볼 수 있다. 일본의 억지 정책에 국민들이 모두 분노했다. SNS를 중심으로 일본 제품의 불매운동이 일어났고 일각에서는 이를 제2의 독립운동이라고 평가하기도 했다. 이런 분위기를 끌어낸 건 우리가 철저한 개인주의의 표본이라고 생각하는 20대의 젊은 층이었다. 남의 일에는 무신경하고 자신의 이익만 추구한다고 생각했던 개인주의에 대한 오해를 순식간에 허물어주는 사안이었다.

좋든 싫든 누구나 '사회'라는 구조적 틀 안에서 살고 있다. 작게는 가족사회부터 학교사회나 종교사회, 직장사회 등 모든 것이 사회이다. 그리고 그 사회가 모여 세상이 되는 것이다. 내가 세상에 살고 있는 한 나는 사회에서 완전히 벗어날 수가 없다. 그 안에서 상처 받지만 또 그 안에서 치유하는 게 삶의 여정이다. 그런 이상 세상이 나를 필요로 할 때 나는 기꺼이 세상에 호의를 베풀어주기로 했다. 가족이 나에게 도움을 요청하면 내가 할 수 있는 최대한으로 도움을 줄 것이다. 또 힘들고 괴로워 하는 친구가 있으면 나는 친구가 원하는 모습으로 옆에 있어줄 수 있다. 그리고 내가 잘 알지 못하는 사회의 구성원 중 누군가 나의 손길이 필요할 때 나는 기꺼이 내 손을 내어줄 생각이다.

가끔 사람들은 '혼자'와 '개인'을 헷갈려 하기도 한다. 혼자는 철저하게 사회에서 떨어진 외톨이 존재이다. 이는 너무나 외롭기에 나는 혼자가 될 생각은 없다. 사회 구성의 가장 작은 존재인 개인으로서 사회 안에서 당당하게 나의 존재를 입증하고 싶다. 그러면서 그 사회가 나를 필요로 할 때 기꺼이 도움을 주고자 한다. 지나친 관계주의 속에서 항상 먼저 챙겨 주고 상처받는 오류는 더 이상 범하고 싶지 않다. 다만, 행복한 개인주의자로 존재하고 싶다.

03

매일매일을 자신의 명작으로 만들어라

자신의 마음이 정말 힘들 때는 주변 어딘가에 그 감정을 흩뿌려놓게 된다. 어쩌면 누군가 알아주기를 바라는 마음일 수도 있고 어쩌면 그렇게라도 토해내야 마음의 괴로움이 덜어질 것 같기 때문일 수도 있다. 자신의 감정을 뿌려놓는 가장 흔한 도구는 SNS 상태 메시지나 휴대전화 대화창의 프로필이 아닐까 싶다. 나도 프로필 사진을 넘기다 보면 힘들었던 시기의 사진들이 그 당시 상황을 말해주고 있는 걸 볼 수 있다.

그중 눈에 띄는 건 '잠깐 쉬어가기'라고 쓰여 있는 이미지와 '내일이 기다려지는 오늘 하루이기를'이라고 쓰인 이미지이다. '잠깐 쉬어가기'는 두 번이나 있었다. 얼마나 힘이 들었는지 짐작이 된다. 그리고 가장 나의 마음을 붙잡고 있는 것이 '내일이 기다려지는 오늘 하루이기'를였다. 사람이 정말 힘들 때는 그냥 오늘로써 모든 것이 끝났으면 하고 바라게 될 때도 있다. 이렇게 힘든 날이 또 다시 찾아오는 게 너무너무 괴롭기 때문이다. 심한 비약일 수도 있지만, 임산부가 출산하고 딸인 경우 냅다 울음을 터트리는 것과 비슷하다 할 수도 있겠다. 내가 겪은 고통을 딸이 또 겪게 될 것이 너무나 안타깝기 때문이다.

하지만 나는 요즘 그 생활의 기억이 차츰 지워지고 있는 기분이다. 내가 의도했다기보다는 내 감정에 충실했을 뿐인데 최근의 휴대전화 프로필 사진을 보면 즐겁고 희망적인 모습들이 많이 보인다. 취미생활 하고 있는 모습, 여유 있게 시간을 보내고 있는 모습, 그리고 뭔가를 즐겁게 배우고 있는 모습. 그리고 순간 궁금해졌다. 무엇 때문에 나의 감정이 이렇게 달라졌을까? 단순히 직장을 그만두고 쉬고 있는 삶이 편안해서? 스트레스 주는 사람이 없으니까? 틀린 말은 아니지만 진짜 이유가 무엇인지 예측할 수 있었다.

첫째는, 해보지 않은 것들을 하는 중에 얻는 즐거움이었다. 한때 '된장녀'라는 말이 있었다. '된장녀'는 얼리어답터였던 여성들에게 사회적으로 멍에가 씌워진 대표적 사례가 아닐까 싶다. 2006년도쯤인 것 같다. 한

검색 사이트에서 인터넷 신조어와 유행어를 조사한 적이 있었는데 그 조사에서 1위에 오른 말이 된장녀였다. 그 된장녀들은 당시 한 끼 밥값 정도의 적지 않은 금액을 기꺼이 투자해서 스타벅스 커피를 사 마셨다. 그 당시만 해도 지금처럼 모든 사람이 밥을 먹고 난 후 카페에 가서 커피를 마시는 문화는 아니었다. 사실 나도 된장녀들을 고운 시선으로 보지 않았다. 단순히 스타벅스 커피를 즐기는 여성만을 된장녀라 부르지는 않았다. 자신의 경제 활동 규모와는 어울리지 않는 명품을 선호하는 여성들도 다 같이 된장녀의 범주에 들어갔다. 하지만 요즘은 식사를 하고 나면 당연히 들르는 곳이 카페가 되었다. 요즘에도 그런 사람을 된장녀라 부르는 사람이 있다면 그 사람이야 말로 '된장' 소리를 듣게 될 것이다.

내가 요즘 그러고 있다. 된장녀처럼 커피로 행복을 누리는 삶 말이다. 아침에 일어나면 향기 좋은 원두를 갈아 커피를 내려 마신다. 그날그날 느낌에 따라 개운한 아메리카노를 마시기도 하고 날이 더우면 아이스로 마시기도 한다. 그리고 비가 오는 잔잔한 날엔 진한 에스프레소도 좋다. 가까운 지인이 찾아오면 향기로운 화차(花茶)나 홍차를 대접하기도 한다. 그렇게 편안해진 마음은 외부의 자극에 민감하지 않다. 내 마음의 여유가 자극을 순화시켜 민감한 반응을 일으키지 않는다.

지인들로부터 가장 많이 듣는 말이 얼굴이 화사해졌다는 것이다. 꼭 미소를 밝게 지어서만이 아니다. 내가 봐도 전체적인 느낌이 밝아지고 가벼워졌다는 게 느껴질 정도이다. 앞에서 언급한 바 있는 동병상련 그녀 J는 나의 휴대전화 프로필 사진만 보고도 예뻐졌다며 연거푸 칭찬을 해주곤 한다.

둘째는, 삶의 주도권이 남이 아닌 나에게로 넘어왔기 때문이다. 얼마 전까지만 해도 내가 하는 행동이나 일련의 작업은 내 의지대로 이루어지지 못했다. 어떻게 보면 숙명처럼 이미 정의된 것들이었다. 인간관계만 보더라도 그렇다. 내가 좋아서 맺어진 관계는 많지 않다. 가족 관계나 친구 관계를 제외하면 대부분은 실리(實利)와 직결되기 때문에 내가 좋아하지 않아도 관계를 유지해야 하는 경우가 많았다. 실리라고 해서 금전적인 이익만을 생각해서는 안 된다. 그래야 하니 나의 원래의 모습보다는 포장된, 그리고 연출된 모습으로 사람을 대하게 된다. 마음이 행복할 리가 없다. 이것은 내가 원해서가 아니다. 사회적 인간관계라는 게 돌아가는 원리인 것이다. 그게 흔히 말하는 매너이고 에티켓이다. 그것은 내가 정한 것이 아닌 이미 과거 언젠가 사람들에 의해 만들어진 틀이다. 내가 그 틀에 맞추지 못할 경우 사람들은 나를 부적응자라 생각한다.

일을 함에 있어서도 그렇다. 조직에서 하는 일은 그 조직이 영위되기 위한 목적성을 띤 일이다. 그러니 내가 하고 싶다고 하고 하기 싫다고 안

할 수 있는 그런 사안이 아니다. 내가 그 조직에 몸담고 있는 한, 조직과 한 덩어리가 되어 같은 방향으로 나아가야 한다. 이렇게 내 삶의 주도권을 쥔 것은 내가 아닌 타인이고 그와 동격의 그 무엇이다.

그러나, 나는 지금 완벽하게 내 삶의 주도권을 가지고 있다. 아침에 일어나서 남편의 아침 준비를 할 때 샐러드와 주스를 차려주든 갓 구운 빵과 커피를 제공하든 아무도 뭐라고 하는 사람이 없다. 이미 정해진 규율이 없기 때문이다. 그날의 기분이나 남편의 컨디션에 따라 내가 조절하면 되는 것이다. 내가 오늘 청소를 안 하고 내일 하든, 공과금을 오늘 안 내고 내일 납부하든 내 삶에 간여해 밤 놔라 배 놔라 하는 사람이 아무도 없다. 그러니 모든 판단과 실행은 전부 내 의사대로 할 수가 있다. 거기서 오는 뿌듯함과 자유로움이 나를 즐겁게 한다. 자꾸자꾸 새로운 것을 시도해보고 싶고, 시도한 것이 내 마음에 들 때 즐거움은 배가 된다. 실패하더라도 다시 또 해보면 되니 아무런 장애 요인이 없는 것이다.

그리고 셋째는, 매일매일 성장하는 나를 느끼기 때문이다. 신기하다 싶을 만큼 해보고 싶은 것들이 속속 생겨나고 있다. 어떤 때는 제발 나에게 새로운 무엇인가를 더 하라고 하지 말라고 애원한 적도 있다. 하지만 요즘은 머릿속에 떠오른 새로운 것을 해보기 위해 내일이 기다려지는 날이 많다. 진정 '내일이 기다려지는 오늘 하루'를 살고 있는 것이다. 마치

소풍날을 기다리던 어린 시절의 나처럼 얼른 자고 일어나고 싶어진다.

많지 않은 금액이지만 남편은 나에게 계속해서 주식 투자를 해보라고 권유했다. 집에만 있으면 경제적 감각이 떨어질 수 있으니 주식에 투자하면서 감각을 잃지 말라는 취지였다. 관심 있게 주식을 보면서 경제적인 운신의 폭이 넓어졌다. 그래서 어떤 때는 작고 클래식한 콘솔을 구매하여 장식을 하기도 하고, 거실에 놓을 앉은뱅이 테이블을 구매하기도 했다. 그렇게 하나하나 장만하여 만들어진 공간이 'Cafe BL'이다. 하루 생활의 반 이상을 나는 이 공간에서 보낸다. 볼수록 흐뭇하고 기분이 좋다. 그렇게 손대기 시작하니 어느 새 집이 달라져 있었다. 전체적인 구조야 전문가의 손길이 필요하니 어쩔 수 없는 일이지만, 구석구석 작은 것들이 나의 취향대로, 내가 좋아하는 모습으로 바뀌어 있었다. 내가 이런 걸 좋아하리라고는 나조차도 상상해본 적이 없다. 집 안을 꾸미고 그 속에서 행복을 찾아내는 나! 낯설지만 반가운 모습이다.

무엇인가 하고 싶은 것을 정해놓고 이루어 나가는 게 이렇게 성취감 있을지 몰랐다. 나는 뭘 하든 목표치를 정해놓고 하는 습관이 있다. 그래서 책을 읽더라도 내일까지 이 책을 읽고 다음 날은 저 책을 끝내야지 하면서 읽는다. 그렇게 하면 속도감이 생기고, 끝내고 났을 때 스스로 얻어지는 만족감이 그냥 하는 것보다 훨씬 크다. 집안일도 그냥 닥치는 대로 하지 말고 전에 미리 계획을 세워서 하고 나면 또 다른 희열이 있다. '내일은 아침에 일어나서 남편 출근시키자마자 화초에 물을 주고 빨래를 세팅 해놓고 청소를 해야지. 청소가 끝난 다음에 빨래를 널고 나서 아이 점심을 해 먹여야겠다. 그리고 아르바이트 보낸 다음에 여유 있게 강의를 들어야지.' 이렇게 해야 할 일의 일정을 정해서 하고 나면 하루를 꽤 알차게 보낸 것 같은 느낌이 든다. 집안일은 해도 티가 안 나고 하지 않을 경우 티가 난다고 한다. 그 말이 무슨 뜻인지 요즘 아주 명확하게 느끼고 있다. 어느 하루라도 내 손이 가지 않는 날이면 반드시 티가 났다. 하지만 소소한 일일망정 계획을 세워놓고 하면 같은 일을 또 하고 또 하는 똑같은 일상이란 느낌이 들지 않는다.

사람들은 가끔 나한테 맨날 집에서 뭐하냐고 묻는다. 바삐 일하다 쉬고 있으니 무료하지 않느냐고. 나는 한 번도 그렇다고 대답해본 적이 없다. 항상 할 일이 많다고, 그래서 심심할 시간이 없다고 말한다. 그런데 그게 생색을 내기 위한 말뿐이 아니라 정말 그렇게 생활하면 하루하루가 바쁘다. 퇴직하고 집에서 쉬는 동안 나는 낮잠 한 번을 자 본 적이 없다. 즐겁게 재밌게 할 일이 줄줄이 나를 기다리고 있는데 낮잠 잘 시간이 어디 있겠는가?

이러는 과정 속에서 나는 또 성장한 나를 발견한다. 나 자신을 위해 뭔가를 할 줄 아는 내가 되어 있고, 가족들이 좋아하는 것을 해낼 줄 아는 주부 9단이 되었고, 행복한 마음 위로 사람들에게 다정하고 따뜻하게 대하는 스킬도 많이 늘었다. 이렇게 매일매일이 새롭기만 한데 이런 하루가 어찌 내 삶의 명작이 아니겠는가?

04

누구에게도 휘둘리지 않는 나로 살자

얼마 전 제목이 다소 고전적인 느낌을 풍기는 드라마 〈동백꽃 필 무렵〉이 꽤나 인기몰이를 했다. 많은 사람들이 공감하며 함께 응원했을 것이다. 세상 우울하고 답답한 성격의 소유자 '동백'이 자신의 성격을 바꾸고 당당해지면서 행복한 결말을 만들어가는 것을 말이다.

답답한 느낌을 최대한 살리기 위한 작가의 의도였는지 드라마 속 배우들의 말투는 느릿느릿 충청도 억양이었다.

동백이는 다른 사람에게 피해를 주기 싫어 모든 것을 다 감내했다. 사람들이 미혼모라고 수군거려도 자신은 모자란 사람인 척 그런가 보다 했고, 어린 아들 필구가 엄마를 지켜줘야 한다고 말할 만큼 마음이 심약하기만 했다. 다른 사람에게 싫은 소리라고는 전혀 하지 않았고 남에게 부담을 주는 일은 극도로 싫어했다.

어느 날 동백이 서울을 가야 하는 상황에 아들 필구를 부탁하는 장면이 나온다. 너무도 미안해하고 송구스러워 하는 동백에게 상대역을 맡은 배우 김선영이 받아친다.

"너, 너무 이렇게 예의 차려도 정이 안 가. 니가 필구를 맡겨야 나도 준기를 맡기고 계 모임에 갈 거 아니여. 왜 맨날 너만 새색시 내외하듯이 그랴. 너 참 내 말 유념해. 서로 엉키고 서로 염치없고 그래야 정도 들고 그러는 겨."

속이 다 뻥 뚫린다. 동백이 같은 캐릭터와 이야기하다 보면 콧구멍 두 개로는 호흡 곤란이 올 것 같은 느낌이다. 답답해도 그렇게 답답할 수가 없다. 적어도 콧구멍 두 개는 더 뚫어야 마음의 평정을 갖고 이야기할 수 있을 것 같다. 그랬던 동백이가 자신의 그런 성격을 각성하고 달라지기 시작한다. 밤에 취객이 동백이에게 추태를 부리자 "사람 봐가면서 까부시는 게 좋겠어요." 이런 당돌한 표현을 한다. 보는 사람이 통쾌해지는 느낌이다. 아들 필구의 사생활까지 몰래 취재하는 기자들에게는 "애 건들지마, 니네 진짜 다 죽어!"라고 강하게 자신을 드러낸다. 이런 용감무쌍해진 소심쟁이 동백이를 보면서 시청자들은 박수를 치게 된다.

소심쟁이들은 눈치를 많이 본다. 그러니 눈치가 빨라질 수 밖에 없다. 상대방의 표정이나 몸짓, 분위기 등을 세심하게 분석하기 때문에 분위기 파악을 하는 데는 아주 유용하다. 하지만 눈치가 너무 빠른 나머지 그 사람의 눈빛만으로도 이미 나를 좋아하는지 안 좋아하는지 바로 알아챈다. 그렇게 자신감을 잃어버리고 먼저 마음의 문을 닫아 버리는 경우가 발생한다. 그래서 처음에 인간관계를 맺을 때 상대방에게 어려움을 느끼게 한다. 인간관계가 쉽게 맺어지지 않으니 사회생활 시작부터 어려움을 호소하게 되고 혼자 집에 가서 일기를 쓰게 된다. 일기장에는 사람들과 쉽게 어울리지 못하는 자신을 원망하는 내용이 적힐 터이다. 그렇게 또 문제 발생의 원인을 자신에게 돌리며 스스로에 대해 오해한다.

하지만 알아두어야 한다. 눈치가 빠르다는 것이 나쁜 건 결코 아니나 상대방의 반응으로 내가 흔들리는 일은 절대 만들지 말아야 한다는 것을. '나'와 '너'를 정확히 분리해야 한다. 나를 안 좋아하는 건 너의 마음이고, 나는 너의 마음까지 헤아려줄 필요가 없음을 나 자신에게 알려 줘야 한다.

드라마에서 동백이는 무례한 사람에게 친절하지 말라는 메시지도 전달하고 있다. 카페에서 같이 일하는 여직원에게 그녀의 전 직장 사장이 와서 협박과 폭행을 감행하자 참다못한 동백이 응징을 시작한다. 스테인리스 팬으로 사장의 머리를 내리치며 "나 성격 있어! 애도 성격 있고. 사람 다 성격 있어!"라고 소리를 지른다. 겉으로 보기에도 무서운 건달이지만 사람의 기본 인격까지 무시하는 인간에게는 그에 합당한 대접을 해줘야 한다는 걸 동백이는 보여주고 있다.

그동안 사람들에게 괄시받아온 자신의 삶과 사람대접 받지 못하는 직원의 비통함이 한꺼번에 전달되는 대사이다. 사람은 다 똑같다. 무시해도 되는 사람이 있고, 무시당해도 되는 사람이 있는 게 아니다. 사람은 누구나 다 성격 있다. 다만 참고 있는 것이다. 그걸 간과하고 누군가를 무시하고 있는 사람은 반드시 그에 상당하는 반대급부를 받게 될 것이다.

정말 속상한 소심쟁이들의 특징이 있다. 항상 미안한 게 너무 많다는 것이다. 그 이유 모를 미안함이 어떤 때는 오해를 불러오기도 한다.

초등학교 때의 일이다. 나는 다른 친구들보다 키가 큰 편이었다. 그래서 다리가 긴 탓이었는지 달리기를 잘했다. 운동회 때 1등을 놓쳐본 적이 없었다. 달리기를 하려고 5명씩 줄을 섰는데 한 친구가 나를 보고는 인상을 찌푸리며 말했다. "너 왜 이 줄이야? 키도 큰데 뒷줄에 가서 서." 나는 그 친구가 왜 그 말을 하는지 이유를 바로 알아챘다. 그 친구는 달리기로 나를 이겨본 적이 없었다. 그러니 내가 자기와 같은 줄에 있는 게 영 싫었던 것이다. 하지만 선생님은 나를 이 줄에 세워 두셨고 나는 그 친구 입장을 봐줄 처지가 아니었다.

우리 차례가 오고 나도 열심히 달렸다. 그리고 또 1등이었다. 그 친구를 봐주느라 천천히 달릴 수는 없는 노릇이다. 나는 다섯 권의 공책을 받았고 그 친구는 네 권을 받았다. 2등인 것이다. 화가 나서 발을 구르며 가는 친구가 너무 안쓰러웠고 미안했다. 엄마한테 1등 했다고 자랑하고 싶었을 텐데 하는 미안한 마음에 친구를 불러 내 공책을 한 권 건네줬다. 그럼 그 친구는 다섯 권이 되는 것이다. 나는 그 친구가 좋아할 줄 알았다. 내 마음을 받아 줄 것으로 생각했다. 하지만 그 친구는 공책을 건네는 내게, "내가 거지냐? 니가 왜 나한테 공책을 주는데? 니가 그렇게 잘났어? 쪼그만 애들하고 달려서 1등한 게 그렇게 좋냐?" 나는 너무 당황스러웠다. 내가 그 줄에 섰던 건 선생님이 그 줄에 나를 세우셨기 때문에 그런 거지 나보다 작은 친구들과 달려서 1등을 하려고 그랬던 건 아니다.

하지만 내 뜻과는 상관없이 2등이 되어버린 친구에게 미안한 나머지 나의 마음을 전달해주고 싶었을 뿐이다. 그런 내게 그 친구는 마치 내가 1등이 하고 싶어 그렇게 한 것처럼 말을 하고 있지 않은가? 그 친구의 마음을 풀어주고 싶어서 행한 나의 행동이 오히려 그 친구를 더 화나게 만든 것 같아 계속 마음이 무거웠다. 운동회 마지막 하이라이트인 학년별 계주에도 나가야 했지만 어쩐지 그것도 나가기가 싫어졌다. 그 친구가 거보란 듯이 나를 쳐다볼 것 같아 달리는 것 자체가 싫어졌기 때문이다.

비슷한 경험이 사회생활 하는 중에도 있었다. 탁상행정을 하면 안 된다며 모두 현장 체험을 일주일씩 나갔다 오라는 기관장의 명령이 떨어졌다. 각자 자기가 체험할 중소기업을 선정하고 약속을 잡아 일주일씩 체험을 나갔다 왔다. 그리고 체험 보고서는 기관장에게 메일로 직보고를 해야 했다. 나도 직장에서 멀지 않은 곳에 위치한 중소기업으로 체험을 나갔다. 직접 나가본 현장은 정부의 손길이 정말 많이 필요해 보였다. 외국에 수출하고자 하나 외국 기업과 문서를 주고 받고 서류를 작성하는 것도 쉬운 상황이 아니었다. 제품 디자인도 좀 더 신경 써야 할 것 같았다.

그 외에도 지원해줄 수 있는 사항이 많았다. 나는 내가 할 수 있는 최선을 다해 도와주었고 일주일 안에 상당히 많은 부분의 해결책을 제시할 수 있었다. 기업의 사장님은 진심으로 고마워하셨고 나도 그 속에서 기뿜과 뿌듯함을 느꼈다. 그렇게 작성한 보고서를 기관장 이메일로 바로 송부했다. 그리고 다음 달 전 직원 월례회의 시간. 갑자기 기관장이 나를 호명했다. 다들 무슨 일인가 했고 나도 어리둥절했다. 그리고는 느닷없이 박수를 쳐주라는 것이다. 기분 좋고 어깨에 힘이 들어가기는커녕 어쩐지 쑥스럽고 부끄러운 생각이 더 많이 들었다. 기관장은 전 직원이 모인 월례회의 석상에서 나의 체험 보고서에 대해 이야기하며 이런 것을 기대한 것이었노라고 했다. 다들 참고하라고. 회의가 끝나고 나오는데 축하한다는 인사를 해주는 직원들 사이 이렇게 말하는 직원도 있었다. "그렇게 나가서 한 일을 시시콜콜 다 적어 올렸어? 다른 사람은 생각 안 해? 아이고…. 다음에 나갈 사람들은 다 죽었네." 순간 아차 싶었다. 나 때문에 다른 사람들이 힘들어지겠구나 하는 마음에 너무 미안해졌다. 공개 석상에서 칭찬을 해준 기관장이 야속하기까지 했다.

이렇게 소심한 성격의 사람들은 삶이 너무 힘들다. 내가 잘못한 것이 아니어도 마음속에서는 내 잘못인 듯 느껴지고, 하고 싶은 말이 있어도 상대방이 어떻게 생각할까 우려되어 말을 하지 못한다. 그렇게 자꾸 움츠러드는 사이 성격은 더 폐쇄적으로 되어가고 자존감은 더욱 낮아진다. 언제나 손해를 보는 건 자신이지만 그 사람에게 오는 사회적인 시선은 사회성이 부족하다는 것이다.

나는 기본적으로 성악설을 믿는다. 그럼에도 불구하고 대부분의 사람들이 선하게 살아갈 수 있는 건 후천적인 교육과 노력의 결과라고 생각한다. 자신의 성격에 대한 문제점을 안 이상 고치려고 부단히 노력해야 한다. 그렇지 않으면 자신의 삶은 바뀌지 않는다. 남의 감정에 휘둘려 내 감정을 패대기치는 삶에서 벗어날 수가 없다. 불편하더라도 힘이 들더라도 행복한 개인주의자로 살기 위해서는 그것밖에는 방법이 없다.

05

미래는 내가 만들어가기에 따라 달라진다

아이가 성인이 되니 좋은 점이 있다. 나의 대화 상대가 되어준다는 것이다. 혼자 외국에 나가 살면서 이런저런 경험을 많이 해본 탓인지 아이는 생각보다 많이 성숙해져서 돌아왔다. 요즘은 아이의 미래에 대한 얘기보다는 나의 인생 2막을 어떻게 하면 좋을지에 관해 얘기를 더 많이 하는 듯하다. 그럴 만도 한 것이 아이는 앞으로의 4년은 대학 생활을 할 것이 이미 정해져 있고 그사이 군대 문제를 어찌할 것인지에 대한 선택만을 남겨놓고 있을 뿐이다. 적어도 4년간은 무엇을 해야 할지 망설이지 않아도 된다는 얘기다. 반면, 당장의 나는 정해진 바가 없다. 그러니 무엇을 하면 좋을지 생각도 많이 하게 되고 같이 대화하는 시간도 많아지

는 것이다.

저녁을 먹고 난 후 나와 남편과 아이 이렇게 셋이서 맥주를 마시는 자리였다. 아이가 철이 많이 들었다는 것은 알고 있었지만 이렇게 통찰력 있을 것이라고는 생각하지 않았던 터라 아이의 말에 나는 적잖이 놀랐다.

"엄마, 엄마는 스스로를 옭아매는 삶을 만들고 있는 것 같아요. 그냥 물 흘러가듯 놔둬보세요. 그래도 세상은 아무 문제도 생기지 않아요. 집에서의 생활도 그래요. 그냥 운동 가고 싶을 때 운동 가고, 청소도 하고 싶은 때만 하세요. 하루 안 했으니 오늘은 꼭 해야 하고 이런 강박관념을 만들지 마시고. 그리고 친구도 자유롭게 만나세요. 아빠랑 저랑 식사요? 아, 왜 그런 것까지 신경을 쓰세요. 엄마가 안 계셔도 다 알아서 해요. 굳이 친구 만나러 나가서까지 저녁은 어떻게 할 거냐 집에서 먹을 거냐 물어보고 시간 맞춰 들어오고 이런 거 하지 마세요. 우린 우리가 알아서 잘할 테니까 친구랑 편하게 저녁 드시고 오세요. 꼭 '뭘 해야 한다'라고 엄마를 옭아맬 필요 없다구요."

놀라웠다. 서너 달 같이 집에 있는 동안 나의 행동 패턴이며 속내를 훤히 다 들여다보고 있었다. 내 생활에는 관심 없는 것처럼 하고 있었지만 실상은 다 관심을 가지고 있었던 것이다.

누가 시키지는 않아도 나의 마음 저 아래 어디에선가 나의 의무사항을 계속해서 전달해주는 느낌이 드는 건 사실이다. 나는 편하게 집에서 쉬고 있으니 밖에 나가 열심히 일하는 사람 최대한 지원을 해줘야 하고, 그간 바쁘다는 이유로 집안 살림도 등한시하고 있었으니 그 또한 열심히 해야 하지 않겠나 하는 의무감이 느껴졌다.

그래서 나만의 룰을 정해놓았다. 여유는 누리되 절대로 게을러지지 말 것! 그게 나의 첫 번째 룰이다. 시간이 많다고 뒹굴거리고 맨날 지인들이랑 카페에 가서 수다 떨고 이런 생활을 하고 싶지는 않았다. 무엇을 하든 부지런히 하기로 했다. 남편이 출근하는 것으로 하루 일과를 시작하는 것처럼 나도 집안일을 시작하고 나를 위한 무엇인가를 하기 위해 부지런히 움직이자고 스스로 정해놓았다. 그랬더니 대부분의 집안일이 오전에 완료되었다.

두 번째는, 건강 관리를 철저히 하고 취미생활을 할 것! 편안하게 쉬면서 몸도 마음도 가장 좋은 상태로 가꿔보자고 생각했다. 그래서 오전에 집안일을 끝내놓으면 오후에는 운동을 갔다 오고 책도 읽고 몸과 마음이 건강한 시간이 되도록 했다. 그러면서 틈틈이 소홀했던 소중한 사람들과 소통하는 것도 빠뜨리지 않았다. 오전에 집안일 하는 것도 상당한 에너지가 소모된다. 다만 몸의 모든 근육을 적절히 사용하는 운동과 조금 다를 뿐이다. 오전에 그렇게 집안일을 하고 오후에 운동 갔다 오면 시간이 상당히 빠르게 흘러간다. 버스 타고 스포츠센터에 가서 1시간 30분 정도 운동을 하고 씻고 다시 버스 타고 돌아오면 거의 3시간이 소요된다. 겨울에는 조금 있으면 해가 진다. 여름에는 조금의 여유가 더 있긴 하지만 말이다. 그러면 정말 꽉 찬 하루가 지나게 된다.

세 번째는, 자기 관리를 철저히 할 것! 사회생활 하는 사람이 직장에 어울리는 옷차림을 하듯 나도 집이 직장이라고 생각하고 옷차림에 신경을 썼다. 엄청나게 차려입은 건 아니지만 적어도 집에서 입고 있는 옷 그대로 친구와 카페에 나가도 부끄럽지 않은 수준은 입고 있어야 한다는 게 내 생각이었다. 가끔은 친구들이 집에 와서 "어디 나가?"라고 묻기도 했다. 원피스를 입되 펑퍼짐하지 않은 것으로 갖춰 입도록 최대한 노력했다. 옷차림이 펑퍼짐해지는 순간 자세도 흐트러지고 아무 데나 드러눕게 된다. 그러니 꼭 신경을 써야 했다.

분명히 편안한 생활을 하고 있지만 2년이 넘게 체중이 변하지 않은 걸 보면 스스로 뿌듯해지기도 한다. 단, 집에 있는 동안 메이크업은 하지 않는다. 이건 '피부도 숨을 쉬게 해주자.'라는 변으로 넘어가고 싶다.

네 번째는, 나의 역할에 최선을 다할 것! 우선, 아내의 역할과 주부의 역할에 충실하기로 했다. 남편이 일어나서 씻고 출근 준비를 하는 동안 나는 그 사람이 먹을 아침을 준비했다. 반드시 밥을 먹어야 한다고 주장하는 사람은 아니었으므로 가볍고 간단하게 먹을 수 있도록 준비했다. 가능한 탄수화물의 양을 줄이고 다른 영양소를 골고루 먹도록 신경 썼다. 야채와 과일은 늘 떨어지지 않도록 준비해 두고 토스트나 샌드위치, 샐러드 등으로 영양소를 골고루 섭취할 수 있게 했다. 회의를 하는 일이 많았으므로 직장에서도 수시로 챙겨 먹을 수 있도록 한두 가지의 간식과 커피는 별도로 챙겨줬다. 도시락 가방을 들려 보내기 시작한 것이다. 그리고 나갈 때는 꼭 엘리베이터 앞까지 배웅을 해주고 하루 잘 보내고 오라는 인사를 해줬다. 내 몸이 아프지 않는 한 한 번도 빠뜨리지 않고 한 행동이다. 변화된 아침 문화에 남편도 많이 신기해했고, 가끔은 자기의 결혼생활 중에 가장 행복한 시기라고도 했다. 그 말을 듣는 순간 나도 큰 감동을 받았다.

낮에 내 시간을 충분히 즐기고 나서 남편의 퇴근 시간을 확인하고, 집에서 저녁을 먹게 되면 퇴근 시간에 맞춰 저녁 준비를 했다. 저녁은 제대로 밥을 먹을 수 있도록 했다. 남편이 집에 와 있는 시간에는 다른 일을 하지 않았다. TV를 봐도 같이 보고 맥주나 와인을 마셔도 같이 마셨다. 그 사람이 일터에서 힘들었던 이야기도 가급적 들어주려고 애썼다.

집 안도 항상 깨끗하게 하려고 노력했다. 눈에 보이는 모든 것들은 흐트러짐 없이 반듯하게 맞춰놓고 가급적 예쁘게 해놓았다. 친구들이 간혹은 아이들을 데려왔는데 "이모 집은 궁궐 같아요."라고 말하곤 했다. 내가 살고 있는 집이 새 아파트는 아니어서 세련되고 반짝반짝하지는 않지만 아이들이 보기에도 나쁘게 보이지는 않았나 보다. 어느 날은 남편이 와인을 한잔 같이하며 "당신이 집에 있으니까 집이 살아 있는 느낌이야. 그간은 퇴근해서 집에 오면 환기도 안 되어 있고 모든 것이 죽어 있는 것 같은 느낌이 들었는데 지금은 다 활기를 되찾은 것 같네."라고 했다. 가장 크게 보람을 느끼는 순간이었다. 그간은 저녁 약속이 없어도 집에 오면 아무도 없으니 일부러 다른 약속을 잡아 저녁을 먹고 들어오거나 내가 너무 늦지 않을 것 같으면 기다렸다가 나를 태워 오는 게 일반적이었다고 한다.

나의 이런 각 잡힌 생활이 아이는 좀 빡빡하게 느껴졌던 모양이다. 이렇게 스스로 옭아매놓고 힘들어 하나 보다 생각한 것 같다. 하지만 지금의 이 패턴은 내가 정한 것이고 스트레스가 없다. 가끔은 남편에게 "주부 과로사 하겠어. 너무 피곤해."라고 말하지만 그건 그냥 너스레일 뿐이다. 나 이렇게 열심히 살고 있으니 알아달라는. 살림이라는 것을 해보면서 '세상에 정말 중요하지 않은 일이란 없구나.' 하는 생각을 하게 된다. 아내라는 존재가, 엄마라는 존재가 집에 있으니 가족들이 밖으로 나갔다

가도 집으로 잘 회귀하는 느낌이 든다. 내가 구심점을 하고 있는 것이다. 찌그러진 삼각형이 구도를 잡아 안정화된 것 같고 무게 중심이 잡힌 느낌이다. 그러니 세상에 어느 한 존재도, 어느 한 역할도 그냥 허투루 만들어지는 것은 없다.

글쓰기를 아이가 내 곁으로 돌아와 있는 지금 이 시기에 시작할 수 있어 참 다행이다. 엄마가 자신이 좋아하는 일에 심취해 열심히 하며 즐거워하는 모습을 아이에게 보여줄 수 있어서 말이다. 남편에게도 나의 목표를 향해 꿋꿋이 나아가는 모습을 보여 줄 수 있어 행복하다. 자기의 미래는 자기 스스로가 만드는 것이다. 내가 이렇게 가정이라는 공간으로 돌아와 가족들과 즐거운 시간을 보내며 좋아하는 일을 할 수 있다는 게 얼마나 큰 축복인지 모른다. 앞으로도 내가 그토록 원하던 글쓰기를 통해 성취감을 느끼고 가족들에게 더 많은 기쁨을 줄 수 있다면 나는 더할 나위 없이 만족스러울 것 같다.

06

나 자신만이 나를 구원할 수 있다

진정한 행복이 무엇일까? 언제나 행복을 말하고 있지만 진정한 행복이 무엇인지 문득 궁금한 생각이 들었다. 너무도 다양한 행복의 정의들이 있었다. 어떤 사람은 봉사하는 삶이라 했고 어떤 사람은 인간의 사고를 뛰어넘는 삶, 초월한 삶, 기타 종교적인 의미의 진정한 행복에 대한 정의들이 많았다. 하지만 가장 내가 공감할 수 있는 의미는 '스스로 만족하는 삶'이라는 것이었다.

가만히 생각해보면 나는 항상 누군가에게 인정받는 그 어떤 사람이 되려고 노력했던 것 같다. 심리학에서도 이런 인정의 욕구에 대해 다루고 있는 것을 보면 많은 사람들이 이렇게 살고 있는 게 아닐까 싶다. 심리학에서는 이에 대해 '타인으로부터 인정받고 싶은 욕구야말로 인간 생존을 위해 꼭 필요한 심리적 욕구다.'라고 이야기한다. 반대로 그렇기 때문에 사람은 이를 충족하지 못할 때 상당히 힘들어진다.

내가 사람들 사이의 관계에서 많이 힘들다고 느꼈던 이유도 바로 이 부분인 것 같다. 나는 상대방으로부터의 인정도 받고 싶었지만 거기에 더해 그 사람에게 무엇인가 의미 있는 사람이 되고자 했다. 친구에게도 나는 믿을 만한 사람이길 원했고 그래서 내가 모든 걸 이야기하고 나누고 힘들 때 기대는 사람이 되길 바랐다. 학교나 직장에서도 항상 모범적인 사람이라는 인정을 받으며 그렇게 특별한 존재이고 싶었다. 모든 것을 내려놓고 그대로의 나를 보여줘도 될 가족에게조차 그랬던 것은 두말할 나위가 없다. 늘 열심히 사는 훌륭한 아내와 엄마, 자기가 목표한 바는 꼭 이뤄내는 멋진 동생이자 언니, 그러면서 가족들에게 충실한 대단한 딸! 이런 것들이 이루어지지 않을 때 나는 많이 힘들었다.

내가 지금 다시 생각해봐도 그게 괴로워할 일인가 싶은 일들이 있다. 나의 형제자매들은 시골 마을에서 유명하다 할 정도로 엄마에게 깍듯했다. 우리가 엄마를 위해 하는 모든 행동들을 보며 동네 사람들은 대단해했다. 나와 언니와 동생은 가까이 살고 있어서 엄마를 뵈러 갈 때도 둘

혹은 셋이 같이 움직이는 경향이 있다. 셋이 동시에 가는 일은 흔하지 않다. 왜냐하면 서로 번갈아 가야 엄마가 혼자 계신 주말을 최소화할 수 있기 때문이다. 그럼 혼자씩 다니면 되지 않나 할 수도 있지만, 그렇게 하면 일의 효율이 떨어진다. 시골에 가면 항상 할 일이 산적해 있기 때문이다.

그날도 우리 셋은 엄마한테 가기로 되어 있었다. 이런저런 일이 많이 있다는 걸 알고 있기에 셋이 같이 갔다 오기로 한 것이다. 하지만 나는 갑자기 일이 생겨 가지 못하고 언니와 동생은 금요일 퇴근 후 밤에 시골에 갔다. 가면 얼마나 정신없이 바쁠지 예측할 수 있었기에 같이 못 가는 게 못내 미안하기만 했다. 토요일이 지나고 일요일 저녁! 언니에게 전화를 걸었더니 목소리가 너무 지쳐 있어 고생했다고 하고 얼른 끊었다. 동생에게도 연락을 해보니 같은 상황이었다. 둘의 목소리가 어찌나 지쳐 있는지 다음 날 출근할 수 있으려나 싶었다. 나도 놀고 있었던 것은 아니지만, 내가 가지 못해 셋이 해야 할 일을 둘이서 하고 오느라 고생한 걸 생각하니 영 마음이 불편하고 잠이 잘 오지 않았다. 나만 엄마한테 잘해드리지 못한 것 같아 마음이 묵직했다.

내가 이런 말을 친구나 지인에게 하면 뭐 그럴 수도 있지 그걸로 마음을 쓰느냐고 그런다. 이번 주에 못 갔으니 다음 주에 갔다 오라고. 물론 맞는 말이긴 하다. 하지만 나는 그 상황을 그런 대안으로 쉽사리 넘기는 게 잘 되지 않는다. 자꾸만 그 상황에 함몰되는 것이다. 다른 사항에 있어서도 별반 다르지 않다. 직장에서 일을 하다가도 상사에게 기분 좋지 않은 소리를 들으면 그 분위기에서 벗어나지를 못했다. 동료들은 잊어버리고 맥주나 한잔하러 가자고, 다음에 실수하지 말고 제대로 하면 되지 않겠느냐고 했지만 나는 그때, 바로 그 상황에서 제대로 해내지 못한 것이 화가 나 견딜 수가 없었다.

이렇게 어느 장소에서 어떤 사람들과 있든 간에 항상 인정받고 그들에게 무엇이 되고자 했으니 얼마나 힘들고 지치는 날들이었을까? 당시에는 왜 나는 완벽하지 못할까, 최선을 다하는 데도 왜 만족스러울 만큼 해내지 못하는 걸까 하는 자괴감에 많이 괴로워했다. 힘들지 않게 살아가는 사람들을 보면서 나만 이렇게 힘들게 지내는 게 억울하기까지 했다.

나는 모든 인정의 대상을 남들로만 잡았었다. 얼마나 노력했는지, 얼마나 정성을 다했는지 제일 잘 아는 사람은 나인데 정작 나 스스로의 인정을 생각해본 적이 없다. 남들이 나에 대해 얼마나 알고 있다고. "남들이 자신을 알아주지 않더라도 속으로 서운해하는 마음을 갖지 않는다면 진실로 군자가 아니겠는가." 논어에 나오는 말이다. 인정받지 못하는 것에 대해 마음의 평정을 유지하는 게 쉬운 일이 아님을 말해주고 있다. 나

또한 군자가 아니기에, 진정 소중한 것이 어떤 건지 모른 채 끊임없이 나를 담금질하고 힘들어하고 다시 또 담금질하고 괴로워했던 내가 안쓰럽다.

그래서 그걸 인지하기 시작한 지금부터라도 나를 스스로 안아주기로 했다. 그동안 해보지 않았던 스스로 인정해주기를 시행해보기로 말이다. 차근차근 나의 장점들을 적어 내려가다 보니 나에게도 근사한 면이 꽤나 많았다.

사람들이 나에게 하는 말 중에 제일 많이 들었던 것이 '항상 잘 웃어주고 친절하다.'였다. 그러고 보니 나는 미소가 참 예쁘다는 말도 자주 들었다. 나에게 이런 좋은 점이 있었는데 왜 난 한 번도 이걸 칭찬해주지 않았을까? 정리 정돈도 상당히 잘한다. 사무실 내 자리도 항상 깨끗했지만 집에 있으면서 내가 물건들을 예쁘게 잘 정리하고 꾸미는 데 솜씨가 있다는 걸 알게 되었다.

식물에 대한 조예도 깊은 편이어서 그걸 다 어떻게 알고 있느냐는 질문도 많이 받는다. 모든 일에 최선을 다하는 성실한 점도 가지고 있고, 어떤 조카는 나를 자기의 롤모델이라고 할 만큼 나는 집안에서도 좋은 모습을 많이 보여주는 사람이다. 소심한 사람의 단점이라 할 수도 있겠지만 다른 사람들의 느낌이나 기분을 금방 눈치챘고 그래서 세심하게 배려해주고 보듬어주기에 감사 인사도 많이 받는다. 경제 관념도 철저해서 돈을 허투루 쓰지 않는다. 그래서 개인연금도 나와 남편이 부족하지 않을 만큼 들어놨고, 각종 보험도 부족한 면 없이 골고루 가입해놨다.

내가 가진 옷 중에 작아져서 못 입는 옷은 하나도 없다. 너무 낡아서 못 입게 되거나 너무 유행이 지나 처분할 뿐이다. 옷장에 있는 15년 넘게 된 옷도 꺼내 입으면 입을 만하다. 심지어 20년이 넘은 옷도 있다. 동생이 사회생활 처음 시작했을 때 사준 민소매 블라우스는 계속 수선하면서 최근까지 입었다. 동생이 "언니처럼 옷을 입으면 옷 장사들 다 굶어 죽겠다."라고 하기도 했다. 직장 후배들도 어떻게 하면 선배님처럼 똑같이 유지할 수 있느냐며 부러워 하기도 했다. 그리고 나는 분위기를 낼 줄 아는 사람이다. 커피를 좋아하고 와인을 좋아하고 음악에도 나름 조예가 있고 영화 보는 것도, 책 읽는 것도 모두 좋아한다. 좋아하다 보니 남들보다 조금 더 잘 누릴 줄 안다.

적다 보니 나의 좋은 점이 줄줄이 나온다. 볼수록 근사한 사람이다. 그동안 나는 누군가에게 이런 칭찬을 들으면 어쩐지 부끄러워 했다. 그래서 그 칭찬을 그냥 하는 말이겠거니 하고 지나쳐버렸고 진심으로 받아들이지 않았다. 그게 나에게 얼마나 큰 긍정의 힘이 되는지 모르고 있었던 것이다. 내가 무엇인가 기대하는 바를 가지고 열심히 해서 좋은 성과를 냈을 때 그것으로 칭찬을 받아야만 그게 진정한 '나에 대한 인정'이고 '보람'이라고 생각했다. 하지만 세상에는 목적의식을 가지고 행하는 일보다 크지 않고 소소한 것들로 훨씬 더 많이 채워져 있다. 그중에 나의 귀한 재능과 능력이 있었는데 나는 너무 작은 공간 안에서 그것을 찾으려고 애썼던 것은 아닐까?

내가 생텍쥐페리의 『어린 왕자』를 처음 읽은 것은 초등학교 6학년 때이다. 시골 학교였지만 상당히 큰 규모의 도서관(도서실이 아닌 도서관)을 가지고 있었고, 어린 나에게 그 공간은 마치 꿈들이 모여 있는 집합소 같았다. 『어린 왕자』 책에는 작고 예쁜 그림이 많았는데 나는 그림에서 보는 것처럼 동그랗고 작은 별에 사는 어린 왕자가 어떻게 어지럽지 않은지 궁금했다. '내 걸음으로 해도 열 걸음도 채 되지 않을 것 같은 작은 별을 하루 종일 걸으면 얼마나 어지러울까?' 하고 궁금해 했던 게 떠오른다.

그동안 나의 생각의 틀도 어린 왕자의 작은 별처럼 너무 작은 공간이었다. 이렇게 커다란 지구를 걷는 일은 아무리 걸어도 어지러움을 느끼지 않는다. 생각도 마찬가지이다. 크고 넓게 생각하면 힘들고 괴로울 일이 많은 부분 사라진다. 자꾸만 시야를 좁히고 생각의 틀을 좁혀 놓다 보니 그 안에서 일어나는 일이 세상의 전부인 것 같고, 그 안에서 그것을 해결하지 못하면 죽을 것처럼 느껴진다. 스스로 나의 틀을 깨는 것! 그 방법만이 내가 나를 구원하는 길이다. 그리고 그 방법만이 내가 더 행복해질 수 있는 유일한 해결책이다.

07

당당해져라, 그것만으로도 인생은 빛난다

세상에 바쁘지 않은 사람은 없다. 나도 지난 2년간 아무런 경제 활동을 하지 않는 일명 '백수'였지만 상당히 바쁘게 생활했다. 누구나 '나는 바쁘다'라고 생각한다. 학생일 때는 공부하느라 너무 바쁘다. 학교에도 가야 하고 학원에도 가야 하고 갔다 오면 산처럼 쌓여 있는 숙제도 해야 하고. 직장인은 직장인이라서 너무 바쁘다. 눈뜨면 회사에 가야 하고 회사에 가면 보는 사람마다 주는 게 일이고, 그 사이 인간관계도 매끄럽게 만들어야 하고, 더 나은 삶을 살기 위한 자기계발도 해야 하고. 개인사업자는 세상에서 일어나는 모든 일을 나 혼자 해야 하니 바쁘고, 기업을 운영하는 비즈니스맨은 자기 분야만큼은 세상에서 가장 앞서가야 하기 때문에 바쁘다. 그리고 많은 것을 초월한 지긋한 어르신들은 하고 싶은 것은 많은데 총알같이 지나는 시간이 안타까워 마음이 바쁘다. 세상에 바쁘지 않은 사람이 어디 있을까?

당신은 언제 가장 행복한가? 순간 이런 생각들이 머리를 스친다.

'원 없이 잠 좀 푹 자고, 편안하게 먹고 쉴 수 있으면 행복하겠다.'
'아무것도 하지 않아도 평생 먹고살 만큼의 돈이 있으면 행복하겠다.'
'평생 나만 사랑해주는 사람이 옆에 있으면 행복하겠다.'
'모든 사람이 부러워할 만큼 멋지고 잘생겨지면 행복하겠다.'
'신과 같이 특별한 힘을 갖게 되면 정말 행복하겠다.'

위와 같은 조건들이 나에게 주어졌을 때 얼마 동안 행복하다는 감정이 지속될까? 하버드대학교 대니얼 길버트 교수팀이 '인간은 언제 가장 행복하다고 느끼는가?'라는 주제로 뇌를 촬영한 결과를 발표했다. 결과는 뜻밖에도 '뇌가 바쁘게 움직일 때'였다. 어떤 일에 집중할 때라든가, 마음에 맞는 사람과 대화할 때, 열심히 운동할 때 등 이렇게 무엇인가에 집중할 때 뇌는 행복하다고 느낀다. 반면, 일어나지도 않은 일에 대해 걱정할 때, 불쾌한 경험을 떠올리거나 무의식적인 반복 행위를 할 때에 뇌의 스트레스 지수는 높아진다고 한다.

위로가 될지 모르겠으나 바쁜 지금을 다행이라고 생각하자. 같은 상황에서 공부하지 않고, 일하지 않고 뇌를 쉬게 하면 스트레스가 더 커진다고 하니 말이다. 어차피 피할 수 없다면 그냥 세게 밀고 나가는 거다. 까짓거! 이 일이 설마 나를 죽이기야 하겠는가? 뭐 잘 안 되면 어떤가? 다시 하면 되는 거지! 세상에 욕 한번 해주고 당당하게 또 하면 된다. 당차게 밀어붙이자. 그걸로 이미 당신은 승자이다.

속담 중에 "울고 싶은 아이 뺨 때려준다."라는 말이 있다. 세상 사람들은 모두 바쁘고 힘이 들어서 누구나 다 울고 싶은 마음이다. 행복에 겨워 울고 싶은 사람이 있다면 이 대목에서 제외하자. 또 다시 내 아이의 유치원 발표회가 생각난다. 그 작은 아이들이 입을 모아 '당신은 사랑받기 위해 태어난 사람, 당신의 삶 속에서 그 사랑 받고 있지요.'라고 말해 줄 때, 난 울고 싶었던 모양이다. 너무도 지치고 힘들어 엉엉 소리 내어 울고 싶었던 듯하다. 듣자마자 눈물이 나고 가슴이 뻐근해왔다. 나도 울고 싶은 당신에게 뺨을 한 번 때려주고자 한다.

"당신은 지금 누구보다 잘하고 있습니다. 언제든 지치고 힘이 들 때 쉬었다 가길 바라요. 세상 그 누구도 지금 당신만큼 절실하게 그 일을 하고 있는 사람은 없을 겁니다. 누가 뭐라고 하든 당신은 지금 최선을 다하고 있으니 자신을 책망하고 탓하지 마세요. 당신은 사랑받기 위해 태어난 사람입니다. 당신을 응원하는 사람이 항상 옆에 있으니 당당히 어깨 펴고 힘내세요!"

파울로 코엘료의 『연금술사』에 이런 말이 나온다. "자네가 무엇을 간절히 원할 때, 온 우주는 자네의 소망이 실현되도록 도와준다네." 많이 지치고 힘든 사람은 '도와주긴 무슨'이라고 말할 수도 있다. 어쩌면 대부분의 사람이 그렇게 생각할지도 모르겠다. 하지만 '간절하다'라는 의미를 다시 되새겨 볼 필요가 있지 않을까? 어느 정도 절실해야 간절한 것이 될까?

오래전에 자동차를 들어 올린 엄마의 기사를 본 적이 있다. 아이와 함께 길을 가던 중 아이가 차에 치여 깔리는 사고가 발생했다. 순간 엄마는 자동차를 들어 올리는 괴력을 발휘했다. 이건 도저히 과학으로 설명할 수 없는 부분이다. 간절함이란 이런 것이 아닐까 싶다. 그 엄마에게 망설임이나 두려움 따위는 없었다. 우리 아이가 어떻게 되지는 않을까 하는 걱정도 사치였다. 무조건 이 상황에서 아이를 살려내야 했다. 그 외엔 아무것도 그녀의 머릿속에 없었을 것이다. 나는 그 정도의 상태를 '간절하다'라고 말하고 싶다.

비슷한 사례가 있다. 얼마 전 TV 프로그램 〈옥탑방의 문제아들〉에서 나온 퀴즈이다. 미국의 카레이서였던 한 남자가 21년 전 경기 도중 큰 사고로 목 아래가 마비되어 걸을 수 없게 되었다고 한다. 그런 그가 기적적으로 두 발로 걸어서 딸의 결혼식에 등장하여 모든 사람을 깜짝 놀라게 했다. 불가능과도 같았던 이 일을 해낼 수 있었던 이유는 무엇일까? 정답은 딸아이가 어릴 적에 '결혼식에 아빠가 같이 춤춰줄게.'라고 한 약속 때문이라고 한다. 딸의 결혼 날짜가 잡히자 그는 매주 4~5일 피나는 연습을 했다. 그리고 결혼식에서 딸과 함께 춤을 춤으로써 자신의 딸을 세상에서 가장 행복한 신부로 만들어주었다고 한다.

간절함은 이런 것이 아닐까? 다른 어떤 감정도 섞이지 않은 오로지 그것만을 바라고 원하는 초긍정의 상태! 혹여 안 되면 어쩌지? 실패하면 어쩌지? 정말 할 수 있을까? 이건 내 마음속 악마가 훼방을 하는 말에 지나지 않는다. 간절함에는 그런 부정의 생각이 비집고 들어올 틈이 없다. 그런 생각이 든다면 이미 간절함을 벗어난 상태인 것이다. 자신이 소망하는 것을 적어두고 향후 어느 날 그것을 달성했을 때의 모습을 그리며 간절하게 앞으로 나갈 때 그때 비로소 우주는 나의 소망이 실현되도록 도와주는 것이다. 그래서 나는 다음의 다섯 가지를 소망으로 적었다. 그리고 이미 달성한 나의 모습을 그렸다.

'나는 베스트셀러 작가이다.'
'나는 강연을 통해 희망을 전달하는 메신저이다.'

'나는 몸과 마음이 최고로 건강한 사람이다.'

'나는 사람들이 부러워하는 성공한 사람이다.'

'나는 많은 사람에게 사랑받는 행복한 사람이다.'

아직은 완전히 이룬 게 하나도 없다. 하지만 생각이 현실을 만든다고 했으니 나도 간절함을 가지고 열심히 실행시켜 보려 한다. 소망하는 일을 위해 나아가는 길은 수월하지 않다. 그렇기에 홍광일 시인도 「가슴에 핀 꽃」이란 시에서 이렇게 말하는 것이 아닐까? '그래 저 꽃이 필 때는 / 세찬 비바람 견디어 내고 / 하늘 보며 별빛을 보며 / 그날을 기다렸겠지.' 아무리 뛰어나고 탁월한 사람이라도 자기의 소망을 이뤄가는 길은 쉽지 않다. 다만, 간절히 원하고 원할 뿐이다. 그렇게 이뤄내는 것이다. 캐나다의 유명한 강연가이자 컨설턴트인 브라이언 트레이시도 말했다. "신은 인간에게 선물을 줄 때 시련이라는 포장지에 싸서 준다. 선물이 클수록 더 큰 포장지에 싸여 있다."라고. 나에게 닥쳐오는 시련이 크다면 기대해 보자. 신이 나에게 얼마나 큰 선물을 주려고 이렇게 나를 힘들게 하는가 하고 말이다. 그 시련이 또 나를 좌절시킬지도 모른다. 하지만 그러라고 하자. 나무의 한쪽 가지를 자르면 다른 한쪽 가지에 더 힘이 실리듯 나는 또 다른 것으로 더 큰 힘을 낼 테니!

나는 이 책을 쓰면서 내 기억에 존재하는 모든 시간을 돌아볼 수 있었다. 사람의 뇌에 대한 신비함을 다시 한 번 느끼는 시간이었다. 나의 뇌 어느 구석에 있었던 기억일까? 심지어 다섯 살 때까지의 기억까지도 떠올랐으니 말이다. 그리고 기억하고 싶지 않지만 내가 잊었다 생각했던 슬프고 화나는 기억들도 모두 되살아 나는 신기한 경험을 하기도 했다. 그리고 그 기억들을 하나하나 되새겨 보면서 내가 얼마만큼 타인에게 의존했는지 정확히 볼 수 있었다. 내가 잘 해낸 것은 온전히 나의 잘함 때문이었고, 내가 힘들고 괴로웠던 것은 그들이 나를 그렇게 만들었기 때문이었다. 멀리 떨어져 객관적으로 보자. 다섯 살 아이랑 무엇이 다른가? 자기가 잘못했기에 혼이 났는데 "엄마 미워."라고 말하는 아이와 하나도 다르지 않았다. 그러나, 이 또한 사람이기에 겪는 과정이다. 그렇게 오류 인생을 사느라 힘들었을 나를 응원해주자.

경험은 때로 약이 되기도 하고 때로 독이 되기도 한다. 나도 많은 경험을 했던 것은 명백하다. 하지만, '전에 해봤는데 그건 안 되는 일이더라' 하는 독으로 쓰고 싶지는 않다. 그래서 나의 소망들을 이루기 위해 2020 도쿄올림픽 최고의 히어로 배구선수 김연경의 말을 인용해본다.

"지금까지 노력해온 나 자신을 믿는다. 꿈꾸는 것이 무엇이든 해야 하고 할 수 있다."